AF592024

RAPPORT

AU CONSEIL D'ADMINISTRATION

DU

CHEMIN DE FER DE PARIS A ORLÉANS,

PAR

J.-G.-L. CLARKE,

Elève de l'École Polytechnique, Officier au corps royal du génie maritime, Ingénieur chargé du matériel de la Compagnie;

SUR SA MISSION

EN ANGLETERRE ET EN BELGIQUE.

(**Décembre** 1838.)

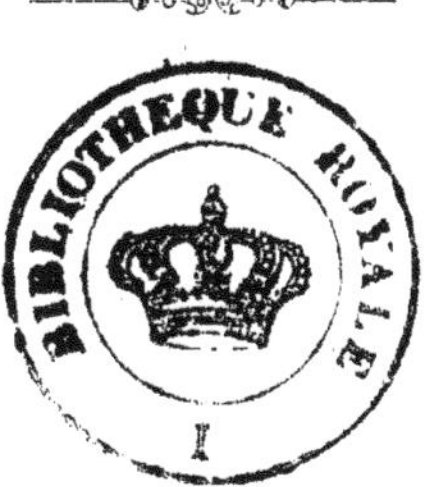

PARIS,

IMPRIMERIE ET LIBRAIRIE ADMINISTRATIVES DE P. DUPONT ET Cie,

Rue de Grenelle-Saint-Honoré, 55.

1839

RAPPORT.

Messieurs,

La mission que vous avez bien voulu me confier en m'envoyant dernièrement en Angleterre avait pour but l'acquisition d'une partie du matériel nécessaire à l'exploitation de la route de fer de Paris à Orléans.

Vous avez senti la nécessité de vous assurer à l'avance d'un certain nombre de machines locomotives. Ces machines devaient être disponibles le plus tôt possible et tout au moins avant la fin de 1839 ; elles étaient destinées à servir de modèles ou de termes de comparaison aux fabricans français qui s'apprêtaient à entreprendre ce genre de construction, encore si nouveau pour nous, et pour lequel, il faut le dire, nos voisins eux-mêmes sont loin d'avoir atteint toute la perfection désirable.

Je devais d'abord, de concert avec M. Stephenson, fixer les dimensions et les dispositions principales des machines : vous désiriez vous procurer, dans les ateliers de cet habile ingénieur, le plus grand nombre possible de locomotives; à son défaut, c'était aux meilleurs fabricans qu'il fallait s'adresser; le nombre total de machines à compléter était de quinze.

Vous m'aviez autorisé ensuite à acheter en Angleterre un certain nombre de machines-outils, destinées à notre atelier de réparation, et vous m'aviez à cet effet ouvert un crédit de 70,000 francs.

Enfin, je devais profiter de ce voyage pour recueillir sur les routes en fer, leur établissement et leur exploitation, tous les renseignemens que je pourrais me procurer; dans ce but, vous aviez autorisé mon retour en France, en passant par la Belgique. Cet itinéraire avait un double avantage : je rencontrais ainsi sur ma route les magnifiques établissemens de M. Cockerill et ceux de M. Hallette à Arras; j'étais à même d'apprécier les ressources que pouvait vous présenter ce dernier fabricant, dont vous aviez reçu des offres de service.

Cette troisième partie de ma mission n'était pour ainsi dire qu'accessoire. Pour recueillir des renseignemens complets sur toutes les questions qui se rattachent aux chemins de fer, il eût fallu un temps bien plus considérable que celui dont je pouvais disposer.

Obligé d'entamer à la fois des marchés sur un grand nombre de points de l'Angleterre et à des distances considérables, préoccupé par l'importance des acquisitions que vous m'aviez confiées, à peine me restait-il quelques momens disponibles, et ma correspondance avec messieurs les directeurs s'en est souvent ressentie.

Vous ne serez donc pas étonnés, messieurs, si, malgré tout mon zèle, je pourrais dire tout mon dévouement, je ne suis pas toujours à même de vous donner, sur chaque point, tous les renseignemens que vous désireriez peut-être. Dans l'impossibilité de suffire à tout, j'ai dû faire un choix et m'attacher de préférence aux divers détails qui ne peuvent être bien appréciés qu'en les voyant, sans m'inquiéter beaucoup des documens qu'il vous est si facile de vous procurer par correspondance.

PREMIÈRE PARTIE.

Achat des locomotives et discussion des dispositions adoptées.

J'ai dit que la première chose à faire était de déterminer, de concert avec M. Robert Stephenson, les dimensions et les dispositions principales des machines; vous savez déjà ce qui a été arrêté à cet égard.

Les machines locomotives destinées au transport des voyageurs auront 6 roues, des cylindres de 13 pouces de diamètre et 18 pouces de course (mesures anglaises) et 4 excentriques. La partie cylindrique des chaudières aura 8 pieds de long, 3 pieds 1/2 de diamètre et contiendra au moins 90 tubes de 2 pouces 1/4 de diamètre extérieur, ou 110 de 2 pouces de diamètre intérieur; enfin le diamètre des roues conductrices sera de 6 pieds : la boîte à feu sera en cuivre, ainsi que le tuyau de communication entre la chaudière et le tender; un second tuyau partant du dôme sera disposé pour renvoyer la vapeur dans le tender pendant les temps d'arrêts.

Ces dispositions sont, du reste, celles adoptées par M. Stephenson, et que nous retrouverions sans doute dans les machines employées sur le chemin de Londres à Birmingham, si des circonstances particulières n'avaient forcé, pour ainsi dire, la compagnie à en adopter d'autres entièrement différentes.

Encouragés par ce qui a lieu dans quelques localités du nord de l'Angleterre, les propriétaires du chemin de Birmingham désirèrent mettre en adjudication les dépenses du département des machines. Cette section comprend l'entretien et la réparation des machines, le combustible, les salaires des mécaniciens et chauffeurs.

Un seul concurrent répondit à l'appel qui avait été fait: ce fut M. Bury, fabricant distingué de Liverpool; il offrit de garantir une économie de 25 p. o/o sur les dépenses analogues reconnues pour le chemin de Liverpool à Manchester; sa proposition dut être agréée. L'adoption de son système de machines était une conséquence de ce traité. M. Stephenson, ingénieur du chemin de fer et lui-même fabricant de locomotives, n'avait pas cru devoir entrer en lice; il dut se borner à accepter les machines du système de M. Bury, comme pouvant faire le service, puisque toutes les autres chances tombaient à la charge de leur auteur.

Cependant les administrateurs du chemin, dans leurs sages prévisions, trouvèrent le rabais proposé par M. Bury trop considérable pour constituer un traité sérieux. Les dépenses du chemin de Liverpool s'élevaient à 0,28 de penny (3 centimes) par mille et par voyageur; les offres de M. Bury devaient les réduire à 0,21 (2 1/4 centimes environ), le traité fut passé au taux de 0,25 (2 2/3 centimes).

Toutefois, ce marché n'est pas encore en cours d'exécution; les ateliers destinés à la réparation n'étant pas terminés, M. Bury a prétendu que cette circonstance entraînerait à des dépenses d'entretien plus considérables, et se borne, quant à présent, à exécuter le travail en régie, pour le compte de la compagnie, moyennant une indemnité fixe, annuelle, de 1,000 livres.

Tout fait présumer que cet état de choses durera longtemps, ou plutôt que le traité ne sera jamais exécuté. Le relevé des dépenses faites jusqu'à présent les porte en effet à 0,40 de penny par mille et par voyageur, au lieu de 0,25; et M. Bury serait ruiné en moins d'un an, s'il était contraint à exécuter son marché.

Toujours est-il que ce traité aura eu, pour la compagnie du chemin de Birmingham, la fâcheuse conséquence de lui faire adopter exclusivement, et presque sans examen, des machines d'un système dont le mérite est au moins contesté; de faire établir certaines parties du chemin, dans l'hypothèse qu'il devait être exploité par des machines à quatre roues, et d'interdire, jusqu'à un certain point, l'emploi de machines d'un autre système. C'est ainsi, par exemple, que les plate-formes se trouvant trop petites pour les machines à six roues, les locomotives du chemin de *Grand Junction*, qui amènent les trains de Liverpool à la station de Birmingham, ne peuvent s'en retourner que lorsque toutes les voitures qu'elles ont conduites ont été enlevées de la voie.

Ainsi s'explique cette anomalie remarquable que, tandis que M. Stephenson a adopté exclusivement des machines à six roues, on ne trouve cependant que des machines d'un système entièrement différent, sur un chemin placé sous sa direction.

A ne considérer que l'ensemble des faits, les opinions pourraient, au premier abord, paraître partagées sur le système auquel on doit accorder la préférence, des machines à six roues ou de celles à quatre; mais il n'en est plus ainsi dès que l'on connaît la cause qui a amené les machines du dernier système sur le chemin de Birmingham : d'un côté, on trouve M. Bury, de l'autre tous les fabricans anglais et Robert Stephenson à leur tête.

Pour expliquer cette différence, il faut entrer dans quelques détails techniques.

Les premières machines construites pour le chemin de Liverpool à Manchester n'avaient que quatre roues, les deux tiers du poids de la machine portaient sur les roues conductrices, les cylindres n'avaient que 10 pouces environ de diamètre et 12 pouces de course; quelques machines avaient des dimensions plus faibles encore.

On sentit bientôt le besoin de leur donner plus de puissance : on y parvint en augmentant successivement le diamètre des pistons et leur course. Il fallut augmenter, dans la même proportion, la production de la vapeur, et parconséquent les dimensions des chaudières, pour ne pas diminuer la vitesse. Dans l'origine, on se demandait si l'on pourrait sans danger conduire des convois avec une vitesse de 15 milles à l'heure; peu d'années après, des vitesses de 30 milles ne parurent plus que très ordinaires : on voulut aller au delà.

Cependant on n'avait pas tardé à s'apercevoir de l'effrayante promptitude avec laquelle se détruisaient les différentes parties des machines, et il était urgent d'y remédier. Une des principales causes était évidemment la rapidité des évolutions exécutées par tous les organes : ce n'était qu'en augmentant le diamètre des roues que l'on pouvait diminuer cette rapidité. Comme d'un autre côté on ne pouvait consentir à réduire la puissance de traction des machines, on fut conduit, pour conserver le même rapport, à augmenter de nouveau la capacité des cylindres et les dimensions des principales parties du mécanisme.

Bien auparavant, on était déjà arrivé à ce point où l'adhérence des roues sur les rails était plus que suffisante pour équilibrer la puissance de traction, résultant de l'action de la vapeur sur les pistons; le dernier accroissement de poids auquel on avait été conduit n'avait donc d'autre effet que de fatiguer inutilement les rails; on parvint à s'en débarrasser en répartissant la charge sur six roues au lieu de quatre.

Dans les machines à six roues, pesant douze tonnes environ, la charge des roues conductrices est à peu près la même que dans une machine à quatre roues qui ne pèserait que neuf tonnes.

Or, celle-ci n'aurait généralement que des cylindres de 11 pouces de diamètre, avec 16 pouces de course et des roues de 5 pieds.

Il y a cependant d'autres moyens que ceux que je viens

d'indiquer, d'augmenter le pouvoir des machines : on peut diminuer la quantité de force perdue, qui s'élève quelquefois à près de la moitié de la puissance que serait susceptible de développer la vapeur employée; on peut aussi faire fonctionner les machines sous une pression plus forte que celle généralement usitée.

M. Bury a été conduit à cette dernière combinaison tout en prétendant faire seulement un meilleur emploi de la force motrice.

Dans sa composition, il s'est attaché à faire une chaudière plus résistante, en même temps qu'il donnait à l'ensemble de l'appareil plus de légèreté.

A la boîte à feu de forme rectangulaire, il en a substitué une cylindrique, terminée par une demi-sphère; il a pu dès lors supprimer les nombreuses entre-toises nécessaires pour maintenir les surfaces planes des autres boîtes à feu : à surface égale de grille, il a eu moins de développement pour les parois et moins de poids parconséquent. En même temps il a remplacé par le fer le cuivre dont se composent les boîtes à feu intérieures ordinaires, trouvant à la fois, dans cette disposition, économie de poids et de dépense.

Enfin il a réduit à deux, au lieu de quatre, les cadres intérieurs qui réunissent les axes à la chaudière; il a supprimé tout-à-fait les cadres extérieurs.

De ces diverses modifications, il est résulté des machines comparativement plus légères, d'un aspect plus élégant, d'un prix moins élevé : ce sont là certainement de grands avantages.

Mais à égalité de surface de grille, l'étendue des parois exposées au contact immédiat de la flamme est moindre, et l'on sait que cette partie de la surface de chauffe est la plus efficace.

La boîte à feu ne sera-t-elle pas détruite beaucoup plus rapidement que si elle était en cuivre? c'est ce qui est probable.

Les deux cadres sur lesquels repose tout le système sont-ils bien suffisans pour maintenir, d'une manière convenable, les diverses parties du mécanisme, et n'en doit-il pas résulter une détérioration plus prompte?

Enfin, une augmentation considérable dans la tension habituelle sous laquelle travaillent les machines n'était-elle pas un inconvénient de la plus haute importance? M. Bury, sans doute, se défend de cet accroissement de tension; mais c'est un fait sur lequel tout le monde est d'accord; les soupapes sont constamment surchargées, les grilles se fondent sous l'activité du feu et disparaissent en peu de temps.

En dernière analyse, les machines de M. Bury paraissent insuffisantes pour le service qu'elles ont à faire, et le chiffre de la dépense qu'elles ont occasionnée jusqu'à présent, comparativement aux autres, est un argument assez péremptoire. J'ai dit que le chiffre s'élevait à 0,40 de penny par mille et par voyageur, tandis que, pour le chemin de Liverpool à Manchester, il paraissait n'être que de 0,28. Toutefois, une partie de cet accroissement doit, sans aucun doute, être attribuée à l'absence d'un établissement convenable pour la réparation des machines et à l'insuffisance du nombre de ces dernières, pour le service qu'elles ont à faire. Je reviendrai plus tard sur cette nature de considérations.

Je viens de vous faire connaître, messieurs, les motifs qui doivent généralement faire préférer les machines à six roues. Je vous ai dit les avantages et les inconvéniens des machines de M. Bury, les seules à quatre roues que l'on exécute maintenant en Angleterre; il me reste à vous signaler les différences qui distingueront les machines qui doivent vous être livrées de la plupart de celles construites jusqu'à présent.

Peu de ces machines ont des roues de 6 pieds ; généralement ce diamètre n'est que de 5 pieds 1/2, même avec des cylindres de 13 pouces de diamètre et 18 pouces de course. De telles machines ont une puissance de traction supérieure aux vôtres, et trop grande pour le travail que nous avons à faire ; elles exigent une augmentation proportionnelle dans la dépense du combustible. Dans les circonstances particulières de votre chemin, avec des roues de 5 pieds 1/2, des cylindres de 12 pouces eussent été suffisans. J'ai préféré des cylindres de 13 pouces, combinés avec des roues de 6 pieds, parce que, avec une puissance à peu près semblable, à vitesse de parcours égale, le nombre des coups de piston sera moindre d'un douzième dans un temps donné, ce que je regarde comme un grand avantage pour la conservation des machines.

Un autre point non moins important, c'est le diamètre des tubes qui traversent en faisceau la partie cylindrique de la chaudière.

Avant l'adoption de ce système, qui consiste à faire passer les gaz enflammés à travers la masse d'eau, au moyen d'un grand nombre de tubes de petit diamètre, la vitesse obtenue par les machines locomotives ne dépassait guère 8 milles à l'heure. Le Rocket, machine de M. Stephenson, est la première où cette combinaison fut appliquée en Angleterre ; elle remporta le prix au concours de 1829, lors de l'ouverture du chemin de Liverpool, et signala le commencement d'une nouvelle ère. Le Rocket n'avait que 24 tubes, leur diamètre était de 3 pouces ; à mesure que les machines furent exécutées sur de plus grandes dimensions, il fallut augmenter le nombre des tubes, et on diminua en même temps leur diamètre, afin d'obtenir un plus grand développement de surface.

Jusque dans ces derniers temps, on a regardé des tubes d'un pouce 5/8 de diamètre comme les plus convenables et le plus grand nombre des machines sont encore dans ce cas; mais lorsque, après avoir complétement atteint le but qu'on s'était proposé, celui d'une grande vitesse, on a cherché si, tout en conservant ce précieux résultat, on ne pourrait pas l'obtenir à moins de frais, c'est-à-dire en dépensant moins de combustible, on s'est aperçu qu'on avait été trop loin et qu'il fallait revenir sur ses pas.

Vous savez que, dans les machines locomotives, le tirage est déterminé par la vapeur, qui, après avoir agi dans les cylindres, se dégage dans la cheminée. C'est le moyen le plus efficace que l'on ait trouvé pour se procurer une combustion assez active. L'intensité du tirage, la puissance avec laquelle il agit, dépend non seulement de la quantité de vapeur versée dans la cheminée dans un temps donné, mais aussi du diamètre de l'ouverture par laquelle elle s'échappe. Il y a, dans chaque cas particulier, une dimension d'orifice qui produit le tirage le plus convenable, et qui ne peut être déterminée que par l'expérience. En général, à mesure que l'on diminue le diamètre de cette ouverture, l'effet produit sur le tirage augmente. D'un autre côté, il est évident que tout obstacle qui s'oppose au dégagement de la vapeur, quand elle a fonctionné dans les cylindres, nuit au jeu de la machine, et à mesure qu'on rétrécit l'ouverture de l'orifice en question, on fait perdre à la machine une plus grande portion de sa puissance. Il y a donc un intérêt majeur à réduire cet orifice. Avec des tuyaux d'un pouce 5/8 de diamètre et pour des vitesses de 25 à 30 milles, l'ouverture du tuyau de dégagement est d'environ 2 pouces 1/4. En portant le diamètre des tubes à 2 pouces, on est parvenu à obtenir un tirage suffisant avec un orifice de 2 pouces 3/4, et, avec des tubes de 2 pouces 1/4, M. Stephenson l'a porté à 3 pouces 1/4. Tout tend à faire croire que c'est entre ces deux dernières limites que se trouve la meilleure combinaison, et dans les marchés qui ont été passés, j'ai dû laisser aux fabricans le choix de donner à leur gré, aux tuyaux, 2 pouces de diamètre intérieur, ou 2 pouces 1/4 de diamètre extérieur, en fixant, dans chaque cas, un minimum pour le nombre de tubes que devront contenir les chaudières.

Peut-être trouverez-vous, messieurs, que je suis déjà entré à cet égard dans trop de détails; cependant j'éprouve le besoin de consigner encore ici quelques observations sur ce point important de la construction des chaudières.

En augmentant le diamètre des tuyaux on diminue comparativement la surface de chauffe; mais, d'un côté, M. Stephenson y a pourvu en portant la longueur des tuyaux à 8 pieds au lieu de 7 1/2; et, de l'autre, l'air traversant moins rapidement les tubes peut s'y dépouiller plus complétement de sa chaleur, ensorte que l'effet produit est à peu près le même.

Dans la marche contraire, c'est-à-dire à mesure qu'on diminue les diamètres, on augmente, à la vérité, la surface de chauffe, mais on diminue la surface totale des orifices que doit traverser la masse d'air chaud; la vitesse de cet air dans les tubes est plus grande, il a moins de temps pour se dépouiller de sa chaleur, en même temps que, cet étranglement s'opposant au tirage, il faut, pour contrebalancer cet effet, augmenter l'action de la vapeur, en diminuant l'orifice du tuyau de dégagement.

Enfin, plus les tubes sont petits, plus facilement ils sont obstrués, soit par les petits morceaux de coke entraînés par le courant d'air, soit par la cendre qui vient s'agglomérer à l'entour. J'ai compté dans une des machines du chemin de Londres à Birmingham jusqu'à 20 tubes obstrués de cette manière, c'est-à-dire près d'un sixième de la totalité des orifices; et c'est là, certes, une diminution bien autrement notable de la surface de chauffe.

Pour formuler plus positivement la manière de voir de M. Stephenson à cet égard, je dirai que, suivant lui, le produit de l'aire totale que présentent les sections des tubes, par leur développement, doit être un maximum.

Il est un autre point sur lequel se porte en ce moment l'attention des mécaniciens. C'est l'appareil qui sert à donner le mouvement convenable aux tiroirs chargés de distribuer la vapeur. L'effet nécessaire est produit pour chacun d'eux au moyen d'un excentrique placé sur l'axe coudé des roues conductrices. Ce mécanisme serait très simple, si la machine devait toujours marcher dans le même sens; mais, comme il est nécessaire de pouvoir lui donner un mouvement rétrograde, il en résulte une assez grande complication, laquelle tient, surtout, à ce que le mouvement de chaque tiroir ne doit pas être simultané avec celui du piston correspondant, mais doit le précéder d'une certaine quantité que l'on nomme *avance*. Cette avance dépend de la position donnée à l'excentrique par rapport au coude correspondant de l'axe. Pour marcher en arrière, il faut que l'avance ait lieu en sens inverse, et par conséquent que l'excentrique puisse prendre sur l'axe une nouvelle position symétrique avec la première.

Jusqu'en 1833 ou 1834, on obtenait ce changement par un moyen analogue à celui employé sur les bateaux à vapeur. L'excentrique, libre sur l'axe, ne s'y trouvait fixé qu'en embrayant avec un tasseau nommé *directeur*. Au moyen d'un mouvement latéral, on détachait l'excentrique d'un directeur pour le faire embrayer avec un autre.

J'ai vu en Belgique une machine de M. Cockerill, construite encore dans ce système, qui ne comporte que deux excentriques.

Cette disposition est aujourd'hui entièrement abandonnée en Angleterre; d'abord, outre le mouvement latéral à imprimer, il fallait encore placer les tiroirs dans la position convenable, pour déterminer un commencement de mouvement dans le sens désiré; ensuite, lorsque la machine était lancée avec une grande rapidité, l'embrayage se faisait difficilement, et quelquefois seulement après plusieurs révolutions : le mécanicien n'était donc pas maître de sa machine.

Pour obvier à ce grave inconvénient, on a été conduit à employer 4 excentriques, formant deux systèmes séparés, dont l'un sert lorsque la machine marche en avant, et l'autre lorsqu'elle doit prendre son mouvement en sens opposé.

Pour effectuer ce changement il faut bien toujours désembrayer un système pour embrayer l'autre; mais cette double opération a lieu sur un point où le mouvement de rotation a été converti en mouvement alternatif, de sorte que la vitesse de chaque partie est beaucoup moindre que dans le premier cas, et devient même nulle deux fois à chaque révolution des roues ; l'embrayage est donc toujours assuré, et de cette combinaison est résulté un autre avantage ; c'est qu'avec un peu d'habitude le mécanicien n'a plus besoin de faire mouvoir les tiroirs à la main, et qu'on a pu supprimer l'appareil destiné à cette opération. Le mécanisme se trouve alors réduit sous la main du conducteur à un simple levier, qui lui sert à arrêter la machine ou à la faire marcher en avant ou en arrière, suivant la position qu'il lui donne.

Cette disposition est maintenant généralement adoptée, et j'ai dû la prescrire. Cependant six machines seront pourvues de l'appareil qui sert à mouvoir les tiroirs à la main, elles seront utiles pour ceux de nos mécaniciens qui n'auront pas encore acquis toute l'habitude nécessaire.

L'emploi des excentriques n'est cependant pas sans inconvénient, le frottement auquel donne lieu l'effort assez considérable qu'ils transmettent, s'exerce sur une circonférence d'un grand diamètre et consomme une partie notable de la puissance développée par la vapeur. Ces pièces sont ensuite très coûteuses, et le deviennent davantage par les parties accessoires lorsqu'on emploie le système de 4 excentriques.

Ces objections sont graves, et plusieurs mécaniciens s'occupent d'apporter des améliorations dans cette partie. Différentes dispositions plus ou moins ingénieuses ont été essayées, mais n'ont pas encore reçu de l'expérience une sanction suffisante.

La plus simple est celle connue sous le nom de *double V.* J'ai déjà eu l'occasion de vous la signaler ; elle a été exécutée d'après les indications de M. Edwards sur la première machine que l'établissement du Creusot a construite pour le chemin de Saint-Germain à Versailles, rive droite.

Dans ce système on conserve les excentriques, mais leur nombre est réduit à 2 ; chacun agit sur l'une ou l'autre extrémité d'une double manivelle, suivant que l'on veut faire marcher la machine en avant ou en arrière.

Comme principe, cette disposition n'est pas nouvelle, je l'ai vue exécutée, il y a vingt ans, sur une machine de bateau à vapeur, construite par MM. Périer : c'est la première machine qu'ait possédée la marine royale.

Le mécanisme du double V est remarquable par sa simplicité ; le seul inconvénient qu'il présente, et malheureusement il est assez grand, c'est d'exiger dans la construction de la machine un degré d'exactitude très difficile à atteindre : il faut que l'avance du tiroir soit rigoureusement déterminée *à priori*, et on ne peut plus la modifier ; en un mot, il est à peu près impossible que la machine puisse fonctionner dans les deux sens d'une manière également convenable.

Je n'essaierai pas de vous donner une idée de cette difficulté, elle tient à des détails de montage qui vous offriraient peu d'intérêt, il me suffira de vous dire que plusieurs habiles constructeurs, à qui j'en ai parlé, m'ont déclaré qu'ils ne voudraient pas se charger de l'exécuter, n'étant pas sûrs de réussir.

M. Melling, ingénieur résident de la station de Liverpool, a cherché à supprimer complétement les excentriques. C'est au moyen d'un bouton fixé sur la bielle de connexion elle-même, qu'il a déterminé le mouvement du tiroir. Ce système est tout aussi compliqué que celui des 4 excentriques, son seul avantage est de réduire les frottemens ; mais on lui fait un reproche extrêmement grave : c'est de mal distribuer la vapeur, en donnant aux tiroirs un mouvement lent au moment où il devrait être rapide, et réciproquement ; toutefois ce système a été l'objet d'un brevet, plusieurs transactions ont eu lieu à son sujet, et la compagnie de Liverpool l'a fait appliquer à plusieurs de ses machines. Les avantages ou les inconvéniens qui peuvent en résulter seront long-temps à se faire sentir comme faits pratiques. A défaut d'expérience directe, ils ne peuvent se manifester que par la consommation du combustible, et c'est un point bien difficile à constater dès qu'il touche à des intérêts immédiats ; mais j'ai fait relever exactement tous les détails de ce mécanisme, et il me sera facile, au moyen de quelques études, de m'assurer jusqu'à quel point est réel le défaut capital qu'on a signalé.

Un nouveau système tout-à-fait analogue à celui de M. Melling a été imaginé par M. Hauthorn, à Newcastle, qui ne le présente encore qu'avec réserve. Comme dans le premier, le principe du mouvement des tiroirs est dû à un bouton fixé sur la bielle de connexion ; mais ici, par une combinaison à la fois plus simple et plus ingénieuse, le défaut reproché au système Melling paraît ne plus exister. Comme le précédent, ce système a besoin d'être soumis à une étude sérieuse, et je m'en suis à cet effet procuré les détails.

M. Hauthorn ayant deux machines à construire pour votre compagnie, mon intention avait d'abord été que l'une d'elles fût pourvue du système dont je viens de vous entretenir; j'espérais que cette machine pourrait être introduite en franchise de droits; mais, d'une part, des difficultés se sont élevées entre M. Hauthorn et M. Melling, au sujet du brevet pris par ce dernier; et de l'autre, j'ai su qu'une machine pourvue de cet appareil avait été expédiée pour la compagnie de Versailles, rive gauche, ce qui nous enlevait la priorité d'introduction.

La construction des roues est aussi dans ce moment l'objet d'intéressantes recherches : on arrive généralement à les fabriquer en fer forgé, à l'exception du moyeu qui continue à être en fonte. Cependant il y a des exemples de roues entièrement forgées d'un seul morceau, mais on peut les considérer comme de véritables tours de force. J'ai dû adopter, pour chaque fabricant, le mode suivi habituellement dans leurs ateliers respectifs; un changement à cet égard eût entraîné à une augmentation de prix considérable, et ce travail nouveau pour les ouvriers n'eût pas offert la même garantie.

La même raison a fait que, tout en préférant pour les roues de devant et de derrière un diamètre de 4 pieds, j'ai dû laisser la liberté de les faire de 3 pieds 1/2, aux fabricans qui ont l'habitude de les faire ainsi : ce sont MM. Hauthorn, Mather-Dixon et Sharp Roberts.

Enfin, les roues conductrices auront généralement des oreilles ou rebords. La disposition contraire adoptée, par M. Stephenson, est surtout avantageuse pour les routes de fer, qui avaient été construites pour se servir de machines à 4 roues; sur une route qui, comme la vôtre, sera de prime abord disposée pour des machines à 6 roues, j'ai dû attacher moins d'importance à cette disposition qui, d'ailleurs, fait partie de la patente prise en 1836 par M. Stephenson.

Par suite du développement pris soit en Angleterre, soit sur les continens, par les chemins de fer, depuis quelques années, le nombre des ateliers destinés à la fabrication des locomotives s'est constamment accru, et tandis qu'en 1834 on comptait à peine trois ou quatre usines de ce genre, il y en a maintenant quinze ou seize en Angleterre. La plupart sont d'anciens établissemens, qui, spécialement destinés aux machines à vapeur, ont dû naturellement suivre l'impulsion donnée.

On trouve à Liverpool l'établissement de M. Bury, dont les machines forment un système à part et celui de MM. Mather-Dixon, dans lequel a été construit le *Hawk*, en grande réputation sur le chemin de Liverpool à Manchester; à Warrington celui de M. Tayleur, fondé d'abord sous la direction et d'après les plans de M. Robert Stephenson;

A Manchester, les beaux ateliers de M. Sharp Roberts, créés tout exprès pour cette destination et qui renferment la collection la plus complète d'outils spéciaux à cette fabrication.

Dans la même ville, M. Fairbairn se dispose à construire aussi des locomotives.

MM. Nasmyth et Gaskell, établis à quelque distance, sont dans le même cas.

A Bolton, nous trouvons M. Rothwell et M. Hick, naguère associés et que des convenances particulières ont décidés à se séparer. M. Rothwell a conservé l'ancien établissement, et c'est de chez lui qu'est sorti le *Rockby*, appartenant à la compagnie de Liverpool, et qui, pour son coup d'essai, a amené un convoi de Manchester à Liverpool, à raison de 40 milles ou 15 lieues à l'heure : je me trouvai sur le convoi avec M. Melly.

A peu de distance de Bolton, au Wigan, se trouve encore une autre fabrique de locomotives; il y en a une seconde à Bury.

A Leeds, nous avons l'usine de MM. Fenton, Murray et Jackson, jouissant d'une ancienne et brillante réputation, qui construisent en ce moment un magnifique atelier spécial pour les locomotives; nous avons aussi MM. Todd Kitson et Laird, auteurs du *Tigre*, machine renommée de la compagnie de Liverpool à Manchester.

A Newcastle, sont les ateliers de M. Robert Stephenson et ceux de M. Hauthorn, dont quelques machines ont de la réputation. Plus loin, à Bedlington, 15 milles au nord de Newcastle, est située l'usine de M. Longridge, où se fabriquaient précédemment les chaudières et les principales pièces de forge des machines de M. Stephenson, et qui aujourd'hui livre des machines complètes, exécutées sur les plans de l'habile ingénieur que je viens de nommer.

Enfin, Londres aussi a payé son tribut : MM. G. et J. Rennie se sont mis à construire des locomotives, MM. Maudslaysons et Field en exécutent sur les plans de M. Bury pour le chemin de Liverpool, mais ne paraissent pas se soucier de continuer; une pensée commune retient aussi MM. Miller et Ravenill; ces fabricans, habitués à ne livrer pour ainsi dire que des machines parfaites, ont quelque répugnance à s'occuper d'un genre de fabrication qui nécessiterait pour eux de nouvelles études profondes et consciencieuses.

M. Stephenson ne pouvant vous livrer que deux machines en 1839, j'avais, pour compléter le nombre de 15 locomotives, à choisir entre ces diverses fabriques; à l'exception de celle de Wigan, je les ai toutes visitées successivement, pour pouvoir juger, d'après leurs moyens d'exécution, du degré de confiance que je pourrais accorder à leurs produits. Il est en effet impossible, messieurs, d'apprécier parfaitement une machine à la seule inspection ; on ne la connaît qu'à l'user; une longue expérience est le seul juge infaillible : cette sanction ne peut être complète pour des établissemens entrés récemment en ligne; mais pour bien faire il faut d'abord en avoir les moyens, il en faut aussi l'habitude. Cet examen m'a fait écarter quelques ateliers : j'ai été à regret obligé de renoncer à d'autres, parce qu'ils ne pouvaient remplir les conditions de temps qui nous étaient imposées.

Dans ce choix, j'ai pu commettre des erreurs; parmi les fabricans écartés, il en était de recommandés par M. Stephenson lui-même : peut-être justifieront-ils par la suite ce patronage. Je suis loin de regarder mon opinion comme infaillible; mais en présence de certains faits je n'ai pas osé passer outre et je me suis laissé guider par ma conviction.

Les prix et les conditions des marchés ont été débattus avec le plus grand soin ; en les comparant avec ceux obtenus par les autres compagnies, les nôtres sont plus avantageux, surtout si on tient compte des obligations plus onéreuses imposées aux fabricans. Ces avantages, je me plais à le déclarer ici, sont dus à l'intervention éclairée de M. Melly ; je pense que ce serait une grande erreur que d'y voir une réaction dans les prix en général. C'est par l'entremise de M. Melly (de la maison Melly-Prevost et Comp.) que se sont faites un grand nombre de commandes de diverses machines ; il n'est donc pas étonnant qu'il obtienne quelques améliorations sur les compagnies qui, croyant avoir avantage à traiter directement, se sont présentées isolément.

Tous les marchés ont été remis entre les mains de MM. les directeurs, et déjà vous les connaissez.

M. *Stephenson* doit vous livrer deux machines, l'une en *mars*, l'autre en *août* 1839;

M. *Hauthorn* deux machines, l'une en *mars*, l'autre en *juin* 1839 ;

M. *Mather-Dixon* deux machines, l'une en *juin*, l'autre en *juillet* ;

MM. *Todd Kitson et Laird* deux machines, en *juin* ;

M. *Fenton Murray et Jackson* deux machines, l'une en *juillet*, l'autre en *août* ;

Enfin, M. *Sharp Roberts* cinq machines, livrables deux en *juillet*, deux en *août*, une en *septembre*.

Chacun de ces fabricans fournira, en outre, un certain nombre de pièces de rechange dont la valeur leur sera payée à part. Ces pièces sont des axes coudés avec les roues conductrices, des excentriques, des bielles de connexion, des tubes, des ferrels, des coussinets en cuivre; celles, en un mot, qui sont le plus sujettes aux accidens, qui peuvent être préparées d'avance sans inconvénient, ou dont l'achat en Angleterre pouvait être avantageux.

DEUXIÈME PARTIE.

Acquisition de machines-outils pour l'atelier de réparation.

Dans un pays où la main-d'œuvre est aussi chère qu'en Angleterre, on a dû songer depuis long-temps aux moyens de remplacer le travail de l'homme par celui des machines; les produits de ces dernières sont, d'ailleurs, bien plus parfaits pour certaines parties, on les obtient plus promptement, on est plus sûr de leur identité; enfin, il est bien plus facile de se procurer des ouvriers lorsqu'il n'est plus nécessaire d'en avoir d'aussi habiles. Toutefois, le besoin de suppléer par des moyens mécaniques au défaut d'intelligence ou d'habitude ne s'était jamais fait sentir en Angleterre, dans les ateliers de machines, aussi vivement que dans les dernières années, où des coalitions d'ouvriers ont quelquefois forcé au chômage pendant plusieurs mois les fabriques les plus importantes et compromis ainsi des intérêts majeurs. Les recherches des ingénieurs ont dû se porter, dès lors, d'une manière toute particulière sur les perfectionnemens à apporter aux outils. Il s'est fait sous ce point de vue une véritable révolution; la classe des ajusteurs, si nombreuse naguère dans les grands ateliers, a presque disparu, elle ne se compose pour ainsi dire aujourd'hui que de monteurs, et l'on est tout étonné, en parcourant les vastes salles d'un grand établissement, d'y chercher vainement ces longues files de limeurs que remplacent de tout côté, principalement, les tours et les machines à planer.

De ce nouveau système il est résulté, sans doute, la nécessité d'une plus grande mise dehors pour l'outillage des ateliers; mais ce surcroît de dépense primitive est bientôt compensé par la diminution de la main-d'œuvre; il est telle machine dont le travail a payé la valeur en moins d'un an.

Malheureusement c'est une vérité que bien peu de fabricans français ont su comprendre, et, au lieu de se rapprocher du degré de perfection des ateliers anglais, on dirait presque que plusieurs s'en éloignent; non pas qu'ils ne soient eux-mêmes en voie de progrès, mais parce qu'ils marchent encore moins vite que nos redoutables concurrens.

J'espère, messieurs, que c'est un reproche qu'il n'y aura pas lieu de nous faire; il y va d'ailleurs de votre intérêt; car tous ces perfectionnemens ont pour but l'économie, et le résultat a presque toujours dépassé les prévisions.

Dans le voyage que je fis en Angleterre en 1836, j'avais parcouru presque tous les ateliers anglais et acheté pour le compte du gouvernement les outils les plus nouveaux et les plus complets ; ils étaient destinés à servir de modèles; plusieurs étaient alors complètement ignorés en France; à ce dernier voyage j'ai reconnu que la plupart de ces outils avaient reçu depuis des perfectionnemens importans, j'en ai trouvé d'autres entièrement nouveaux.

Grace au crédit que vous aviez bien voulu m'accorder pour cet objet, j'ai pu, en me renfermant dans ses limites, acheter un outillage qui ne laissera rien à désirer, je l'espère, sous le rapport de la bonté et de l'utilité des machines qui le composent : nous aurons sans doute à le compléter par quelques outils d'un usage ordinaire que nous pouvons nous procurer en France à meilleur compte; mais j'ai la confiance que votre atelier de réparation de machines pourra être regardé comme un modèle, tant pour la bonne exécution de l'ouvrage que sous le rapport de l'économie.

J'ai acquis de MM. Sharp Roberts à Manchester :

1° *Une machine à mortaiser*. Il n'existe encore en France, à ma connaissance, que 4 machines de cette espèce; elle vient de recevoir de nouveaux perfectionnemens, et j'ai tout lieu de penser que vous pourrez obtenir, par ce motif, son introduction en franchise de droits.

2° *Une machine à percer*, *radiale*. Cette machine composée par M. Roberts en 1836, pour l'atelier de réparation du chemin de Liverpool à Manchester, se trouve aujourd'hui, en Angleterre, dans tous les ateliers destinés aux machines locomotives.

3° *Une petite machine à planer*, *à la main*. Ces machines se retrouvent en grande quantité dans tous les ateliers; celle de MM. Sharp Roberts nous servira de modèle pour en exécuter d'autres.

4° *Une machine à alézer les coussinets*. Cette machine est tout-à-fait nouvelle; M. Roberts l'a faite pour son grand atelier spécial de locomotives; elle était à peine terminée; on n'a pu en fixer le prix qu'approximativement.

5° Il en est de même d'une autre machine, entièrement nouvelle aussi, à laquelle M. Roberts a donné le nom de *tour sphérique* et qui remplacera avec avantage une machine de MM. Nasmyth, destinée primitivement à couper les pans des écrous. Cette dernière, malgré ses imperfections, avait été adoptée avec la plus grande rapidité dans tous les ateliers, à cause de l'économie qu'elle présentait et de la régularité si désirable qu'elle permettait d'apporter dans cette partie du travail des machines.

6° M. Whitworth vous fournira un tour complet avec tous les perfectionnemens qu'il a introduits dans les outils de ce genre et pour lesquels il a pris un brevet.

7° Il exécutera également pour vous une machine à planer renfermant les dernières améliorations qu'il a apportées dans cette machine essentielle.

Ces deux outils, qui ont été promptement adoptés par tous les fabricans instruits, ont placé dans les derniers temps M. Whitworth au premier rang, parmi les fabricans de machines-outils.

8° Chez M. Hetherington, à Manchester, j'ai commandé un gros tour disposé de manière à pouvoir y monter le système tout entier formé par l'axe coudé d'une machine locomotive et les deux roues conductrices.

En Angleterre, aucun atelier de chemin de fer ne possède encore de tours semblables; mais tous en sentent la nécessité. On en est réduit à démonter les roues dès qu'il y a quelques réparations à faire aux bandages, et on ne possède aucun moyen de vérification pour s'assurer si ces roues sont centrées et montées avec toute la perfection nécessaire pour la bonne marche des machines.

Je suis convaincu qu'avant peu tous les ateliers de réparation seront pourvus d'un tour disposé de cette manière, et c'est avec un vif sentiment de plaisir qu'à Malines j'ai trouvé mon idée déjà réalisée et donnant les résultats les plus avantageux. Cet outil y est désormais considéré comme indispensable.

9° M. Hetherington exécute aussi pour votre compagnie un tour à chariot ordinaire, qui ne présente rien de particulier que la disposition de quelques détails.

10° MM. Fox de Derby auront à vous livrer un second tour à chariot.

11° Enfin vous aurez de M. Colliers, à Manchester, une petite machine à planer exécutée suivant le système qui lui est propre et pour lequel il a pris un brevet.

La totalité de ces acquisitions s'élève à 2,607 livres soit 66,217 francs environ.

Je dis environ, parce qu'ainsi que je l'ai déjà fait observer pour deux des machines de MM. Sharp Roberts, le prix n'a pu être fixé qu'approximativement.

Ces machines vous seront livrées dans le plus court délai possible, parce qu'il est essentiel que votre atelier de réparation soit prêt avant même l'ouverture d'aucune partie du chemin. Le tour de M. Whitworth doit être terminé dans le courant de janvier prochain; il doit nous servir à compléter les communications de mouvemens nécessaires. Nous les aurons ainsi à meilleur marché, et, en exécutant par nous-mêmes quelques travaux d'installation, nous aurons l'avantage de pouvoir réunir lentement les ouvriers nécessaires à l'atelier, de faire un choix à loisir, enfin de trouver parmi eux les conducteurs de nos machines, et de ne pas être réduits à la triste nécessité de confier des appareils aussi précieux à des ouvriers qui ne nous seraient connus que par des renseignemens toujours plus ou moins inexacts.

TROISIÈME PARTIE.

Observations générales sur les mesures d'ordre adoptées sur les divers chemins de fer tant en Angleterre qu'en Belgique.

J'arrive, messieurs, à la partie accessoire de mon voyage, aux observations diverses que j'ai été à même de recueillir. Tant en Angleterre qu'en Belgique, j'ai fait environ 400 lieues sur les chemins de fer; j'ai parcouru et à plusieurs reprises le chemin de Londres à Birmingham, ceux de Birmingham à Liverpool, de Liverpool à Manchester, de Liverpool à Bolton, de Newcastle à Leeds, de Preston à Liverpool, enfin la partie terminée du Great Western; en Belgique, ceux d'Ostende à Malines et de Malines à Liége. J'ai visité les gares, les ateliers; partout j'ai trouvé le meilleur accueil et toute la facilité désirable; malheureusement je n'ai pas toujours pu en profiter comme je l'eusse désiré; il eût fallu pouvoir disposer de plus de temps et prolonger de beaucoup la durée de mon voyage.

Le chemin de Liverpool à Birmingham n'est complétement livré à la circulation que depuis peu de temps; dans certaines parties les travaux sont loin d'être terminés, à peine sont-ils suffisans pour permettre aux convois de passer avec sécurité. Les travaux de terrassement se continueront encore pendant plusieurs années; ils consistent principalement à donner aux talus dans les déblais les pentes convenables; la tranchée a été ouverte presque perpendiculairement; il a fallu soutenir les terres par des travaux assez considérables, mais qui ne sont cependant que provisoires. M. Stephenson a pensé qu'il y aurait, en définitive, économie à agir de la sorte, parce que, d'un côté, le capital immédiatement engagé se trouve moins élevé, et que, de l'autre, les transports de terre se font plus économiquement en se servant de la voie établie. Certains remblais, d'ailleurs, exigeront, pendant long-temps encore, des recharges successives, et elles s'effectueront sans un double mouvement de terre, ainsi que cela aurait eu lieu, si, de prime abord, les déblais avaient été complétement terminés; mais, il faut le dire, ce n'est pas sans un sentiment de crainte qu'en traversant des tranchées de 15 à 20 mètres de profondeur, on voit suspendues sur sa tête ces masses de terre mêlées de quartiers de roches, que sillonnent des traces récentes d'éboulement. Ce n'est pas sans étonnement non plus qu'on voit travailler les ouvriers et charger des wagons de terrassement, sur la voie même que quelques momens après va parcourir un train de voyageurs avec une vitesse de 30 milles à l'heure. Cependant on est rassuré quand on remarque l'ordre parfait qui règne sur toute la ligne et dans toutes les parties du service; sous ce rapport, surtout, je crois qu'il faut rendre cette justice au chemin de Londres à Birmingham, qu'il est digne de servir de modèle.

On attache bien moins d'importance, messieurs, aux croisemens de voies, aux passages de niveau des chemins ordinaires, quand on voit que pour les travaux continuels de rectification, inévitables dans les commencemens, la voie se trouve à chaque instant envahie, interrompue, sans qu'il en résulte d'inconvéniens; dans l'intervalle du passage de deux convois, un rail est souvent enlevé pour n'être rétabli que quelques minutes avant le passage d'un train. La sécurité avec laquelle on travaille tient à l'organisation des surveillans, institution qui me semble avoir été mal comprise en France, si j'en juge par une disposition réglementaire de police qui prescrit de les placer à des distances assez rapprochées, pour qu'ils puissent s'apercevoir. La mission des surveillans est, non pas d'établir un moyen de communication d'un bout de la ligne à l'autre, une espèce de ligne télégraphique, mais bien d'indiquer constamment, à chaque convoi, l'état de la portion de route confiée à leur surveillance. Ils sont pourvus, à cet effet, de deux guidons, l'un rouge et l'autre blanc, montés généralement sur la même hampe, un à chaque extrémité et dont ils se servent suivant l'occasion. Le drapeau blanc indique le parfait état de la voie; le rouge prescrit d'aller avec précaution en diminuant la vitesse; présenté en travers du chemin, la hampe horizontale, il annonce l'interruption de la voie et la nécessité d'arrêter tout-à-fait le train. Dès qu'un travail s'exécute sur la route, le surveillant se tient auprès des ouvriers, et aux heures de passage des différens trains, il va au devant d'eux et leur fait connaître, au moyen d'un signal convenu, s'ils peuvent continuer leur route. Lorsque le mécanicien qui, de la position élevée qu'il occupe, domine tout le chemin, croit apercevoir quelque embarras sur la route et qu'aucun signal ne paraît, il fait un appel au moyen du sifflet à vapeur, et le surveillant y répond de suite, suivant l'occurrence.

La nuit, les drapeaux sont remplacés par des lanternes ayant sur les faces opposées deux verres de différentes couleurs, l'un blanc, l'autre rouge; le même système de signaux se reproduit partout; à l'arrivée des stations, un mât élevé porte des disques placés à angle droit, l'un blanc, l'autre rouge, indiquant par leur position, et de très loin, que la gare est disposée à recevoir le convoi. Ils sont fixés à cet effet sur une tringle verticale que l'on fait tourner au moyen d'un engrenage très simple. On a placé des disques semblables sur la tête des excentriques des croisemens de voie. La nuit, comme je l'ai dit, tous ces disques sont remplacés par des lanternes à verres de couleur. Au moyen de ces diverses précautions, le mécanicien, rassuré sur l'état de la voie, peut lancer sa machine avec toute confiance, et, hors le cas de malveillance, il est difficile qu'il arrive des accidens. Vous avez compris, messieurs, que ce système est en partie basé sur la régularité avec laquelle s'exécutent les trajets, régularité qui permet de connaître, à quelques minutes près, l'heure du passage du train sur chaque point. On a donc dû s'interdire de faire parcourir la ligne par des convois extraordinaires, dont le passage n'aurait pas été annoncé d'avance. En Belgique, un drapeau placé sur la dernière voiture d'un convoi indique qu'après lui doit passer un train extraordinaire : les travaux sur la route sont alors complétement interrompus et la voie reste entièrement libre. Lorsque un pareil signal n'a pas été donné, il est interdit de la manière la plus formelle de faire circuler pour quelque cause que se soit aucune locomotive. C'est ainsi qu'à l'un de mes voyages à Birmingham, la machine ayant eu un accident, léger en lui-même, mais qui la mettait hors d'état de conduire le convoi, nous avons été obligés d'attendre l'arrivée du train suivant, qui a dû conduire les deux convois réunis jusqu'à la plus voisine station. Pour obtenir cette régularité de parcours, chaque mécanicien est pourvu par l'administration d'un garde-temps convenable; on en remet également un à chaque conducteur en chef de convois. Le garde-temps est placé dans une petite boîte suspendue à un baudrier en cuir verni ; ce baudrier indique les fonctions du garde en service, de sorte que les voyageurs ne sont pas exposés à le confondre avec les autres employés; tous étant revêtus du même costume, ils savent toujours ainsi à qui s'adresser; l'uniforme est le même que celui de tous les *police-men* de Londres, et comme ceux-ci, les gardes du chemin ont le pouvoir de constables. Cet uniforme n'est pas un des moyens d'ordre et de police le moins efficace. Sur tous les chemins en général, les gardes ou surveillans sont, à la vérité, revêtus des mêmes pouvoirs, et pour laplupart le mot *constable*, écrit en grandes lettres sur une plaque fixée à leur chapeau, indique leur qualité. Mais il est difficile que ce titre magique produise tout l'effet moral qu'on doit en attendre, lorsqu'on le voit porté par des individus misérablement vêtus, podagres, assez occupés du soin de se conduire, pour ne pouvoir guère s'embarrasser de la conduite des autres. Telles sont cependant les réflexions que j'ai faites, malgré moi, en parcourant le chemin de Preston à Liverpool, le jour de son ouverture. Il est probable que les administrateurs sentiront la nécessité de modifier leur système de police économique.

Je vous ai fait remarquer, messieurs, que la mission des surveillans était d'indiquer l'état de viabilité de la portion de route confiée à leur surveillance : il s'en suit que leur répartition sur la ligne est très inégale, ils sont d'autant plus nombreux que l'entretien du chemin exige plus de travaux; dans les parties complétement terminées, où l'on n'a pas à redouter de tassemens, on les rencontre à des distances plus éloignées; à mesure que la route se consolide, leur nombre diminue, et dans les chemins depuis long-temps établis, à peine s'aperçoit-on de leur présence. Sur celui de Londres à Birmingham, excepté dans les parties où se font les travaux ordinaires, leur distance moyenne est d'environ 16 à 1800 mètres ; le convoi marchant avec une vitesse de 25 à 30 milles à l'heure, nous en rencontrions un assez régulièrement toutes les deux minutes.

A chaque station ou gare d'arrivée, un garde est chargé spécialement de surveiller le passage ou l'arrivée des convois ; il exécute les changemens de voies et fait les signaux convenables. Dès qu'il aperçoit venir un train, il prévient tous les employés en lâchant la détente d'une sonnerie assez forte, placée sur le bord de la route, chacun alors court à son poste. S'il s'agit d'une station intermédiaire, dès que le convoi est arrêté, les gardes viennent à chaque voiture prévenir à haute voix les voyageurs, du nom de la station et du nombre de minutes que l'on doit y rester. Un employé vérifie le nombre de voyageurs d'après la feuille du conducteur et ne donne le signal du départ que lorsqu'il s'est assuré que tout est en règle. Ces précautions sont indispensables sur une longue ligne, pour éviter les erreurs des voyageurs, qui pourraient par mégarde, ou se trouvant endormis, laisser passer la station à laquelle ils avaient l'intention de descendre et pour laquelle ils avaient pris leurs billets. Le nom de chaque station est en outre écrit en très gros caractères, dans l'endroit le plus apparent; en Belgique, où les mêmes précautions ne sont pas encore prises, il arrive souvent que des voyageurs sont emmenés beaucoup plus loin qu'ils ne voulaient, ou prennent même une direction différente. J'ai vu un voyageur se trouver sur la route de Liége, tandis qu'il désirait aller à Anvers. Celui qui ne connaît pas bien le pays n'a d'autre moyen de se renseigner que de s'adresser aux gardiens ou aux sergens de police, qui se trouvent alors obsédés de questions et commettent eux-mèmes des erreurs dans leur préoccupation.

La distribution des billets et leur vérification est encore un point qui me paraît bien mieux entendu sur le chemin de Birmingham que sur les autres.

Presque partout, les billets pris au bureau par les voyageurs sont réclamés et retirés par le garde au moment du départ. Il ne reste plus alors d'autres moyens de vérification que le nombre de places porté sur la feuille du conducteur, pour s'assurer si aucun voyageur ne se fait conduire plus loin que l'endroit pour lequel il a payé. Mais alors il peut y avoir contestation, et il faut inscrire nominativement les voyageurs, ce qui entraîne des longueurs dans la remise des billets, retarde le départ des convois, et devient presque impraticable, quand il y a grande affluence de voyageurs. Sur le chemin de Birmingham, les billets sont, pour ainsi dire, au porteur; le garde en réclame l'exhibition au départ; le voyageur conserve son billet jusqu'à destination, s'il doit descendre à une station intermédiaire; s'il doit poursuivre sa route jusqu'au bout du chemin, le billet est réclamé et remis à la dernière station : le voyageur à son arrivée se trouve alors entièrement libre. En Belgique, on suit un système à peu près semblable, modifié cependant par suite des dispositions particulières adoptées pour les voitures, et qui permettent aux gardes de circuler d'une voiture à l'autre pendant le trajet même, et de pénétrer dans l'intérieur pour réclamer et vérifier les billets.

Ces billets sont extraits de registres à souche au moyen desquels on contrôle le service en les comparant aux billets retirés dans les stations d'arrivée, les uns et les autres étant remis le lendemain à l'administration centrale.

En Belgique, ces billets sont d'un format très réduit et faciles à égarer; ils portent le nom de la station du départ et de celle d'arrivée, la classe des voitures et la somme payée : sur la route de Londres à Birmingham, les billets sont d'un format beaucoup plus grand; ils portent également l'indication des lieux de départ et d'arrivée, la nature des places et la somme payée; on indique l'heure du départ au moyen d'un timbre. Au bas du billet et au dos se trouvent des extraits des réglemens de police établis pour le chemin, et dont les principaux sont :

La défense de fumer dans les voitures ou les stations;

De faire entrer des chiens dans les voitures;

D'entrer dans une voiture sans avoir de billet, ou de se placer dans une voiture d'une classe supérieure à celle pour laquelle on a payé, et cela sous peine d'une amende assez forte;

De se faire conduire à une destination plus éloignée que celle pour laquelle le billet a été pris, sous peine de la même amende;

L'obligation de présenter son billet toutes les fois qu'il sera réclamé, sous peine d'amende encore, en cas de refus;

Enfin, l'invitation à tous les voyageurs de lire avec attention les réglemens de police affichés dans les stations.

La ligne entière de Londres à Liverpool étant exploitée par deux compagnies différentes, dont chacune a le droit de conduire les voyageurs d'un bout à l'autre, cette combinaison a exigé quelques dispositions particulières pour le voyageur; elles sont très simples: il arrête et paie sa place pour tout le parcours, on lui remet un double billet, l'un pour le trajet de Londres à Birmingham, l'autre pour la route de Birmingham à Liverpool. Ces deux billets sont réunis et imprimés l'un à côté de l'autre; en arrivant à Birmingham, le garde détache la partie du billet qui le regarde, et le voyageur conserve l'autre, qu'il remet ensuite suivant le mode adopté pour le chemin qui lui reste à parcourir.

Les voyageurs ne changent pas de voiture.

Les dispositions relatives au transport des bagages des voyageurs sont très variables d'un chemin à l'autre.

En Belgique, après avoir pris son billet au bureau, le voyageur doit se rendre, avec ses effets, dans une salle destinée à l'enregistrement et au pesage. On ne laisse entrer qu'un certain nombre de personnes à la fois. Les effets sont pesés très exactement sur une balance à bascule; on colle sur chaque colis un morceau de papier portant un numéro et indiquant le lieu de destination, et l'on vous remet un bulletin nominatif exprimant le nombre, la nature des colis, leur destination, la somme payée pour excédant de poids. Cette opération est très longue, et il peut même arriver qu'après avoir pris son billet, le voyageur n'ait pas le temps de faire inscrire ses effets et soit obligé d'attendre au départ suivant.

On est très rigoureux sur le poids des effets présentés à l'enregistrement; le port permis est de 20 kilogrammes. Toutefois on ne tient pas compte du sac de nuit ou autre colis que le voyageur emporte et garde avec lui pour les placer dans la voiture au dessous de son siége. Les effets enregistrés sont déposés dans un grand wagon fermé à clef, et remis à la destination contre le bulletin dont j'ai parlé.

En Angleterre, par suite des habitudes prises depuis long-temps pour les voitures publiques, on pèse rarement les effets des voyageurs; il faut qu'il y ait un grand excédant pour qu'on y fasse attention; on se sert alors de pesons ou romaines à ressorts dont la manœuvre est bien plus prompte. Mais, comme je viens de le dire, on en fait rarement usage. Par suite, les effets des voyageurs ne sont pas généralement inscrits, et si l'on en garde avec soi dans la voiture, c'est pour n'avoir pas la peine de les réclamer, c'est aussi pour pouvoir les surveiller, l'administration n'en répondant aucunement.

Sur la route de Carlisle à Newcastle, les bagages sont mis dans un wagon fermé, en tête du convoi; sur les autres chemins on les charge sur les voitures, et autant que possible sur celle où se trouve le voyageur auquel ils appartiennent. Cependant sur la route de Londres à Liverpool, les bagages qui doivent aller au delà de Birmingham sont placés dans un wagon fermé, pour éviter toute erreur lors du changement de convoi; sous les bancs des wagons de deuxième classe, on a ménagé des coffres ou caissons qui servent à renfermer certaines catégories de bagages, notamment les chiens, qui, ainsi que je l'ai expliqué, ne peuvent trouver place ailleurs.

Il y a un grand inconvénient à mettre les bagages sur les voitures : outre la surcharge qui en résulte et l'obligation de faire les impériales plus solides, les flammèches, qui, quelques précautions qu'on prenne, s'échappent de temps en temps de la cheminée de la machine, peuvent y mettre le feu.

Cela est déjà arrivé plusieurs fois, et les bâches dont on se sert, et qui sont en toile goudronnée, sont criblées de trous provenant de la même cause. Je pense que ces inconvéniens feront avant peu abandonner la méthode de placer les bagages sur les voitures. En attendant, sur le chemin de Birmingham, je signalerai une disposition assez ingénieuse employée dans les gares de départ pour s'assurer que le chargement n'est pas trop élevé et qu'il ne peut en résulter aucun inconvénient dans les passages où il a fallu réduire la hauteur des voûtes le plus possible. Un gabarit ou calibre en fer est suspendu aux deux extrémités de la station, immédiatement au dessus du passage des trains : ce calibre porte une cloche, et pour peu qu'il soit rencontré par le chargement au départ du convoi, le garde et tous les employés en sont prévenus par le son de la cloche. Je dois dire que je n'ai jamais vu ce cas se présenter.

Recherches sur les causes des secousses que l'on éprouve. — Mouvement de lacet. — Établissement des rails. — Croisemens et changemens de voies.

Un point sur lequel j'ai dû porter surtout mon attention, messieurs, c'est la cause de ces chocs incessans, de ces mouvemens de trépidation, de ces violentes secousses même, qui se font ressentir sur quelques parties des chemins de fer, et qui feraient croire par moment que l'on roule sur une route pavée ordinaire.

L'effet produit est si complexe, il s'exécute si rapidement, qu'il est bien difficile de constater sa connexité avec d'autres phénomènes ou avec les diverses anomalies que présente la route.

On assigne généralement deux causes à l'effet désagréable dont je viens de parler : le défaut de continuité des rails et le mouvement de lacet. Je pense que l'influence immédiate de l'intervalle que l'on est obligé de laisser entre deux rails consécutifs est bien moindre qu'on ne le croit généralement, et, quant au mouvement de lacet, ce n'est lui-même qu'un effet dont il importe de rechercher la cause.

Je crois que les chocs périodiques que l'on remarque tiennent au moins autant à ce que les roues ne tournent pas rond qu'aux interruptions des rails. Le diamètre des roues étant de 3 pieds, le défaut de centrage se fait ressentir périodiquement tous les neuf pieds, les jonctions des rails ont lieu de 15 en 15 pieds, les uns et les autres se reproduisent donc à des intervalles multiples semblables. Les sensations produites ne se perçoivent pas d'ailleurs par les mêmes organes et avec la rapidité des convois, il est facile de les confondre et de se faire illusion sur leur simultanéité. En Belgique, où tous les rails sont biseautés, le mouvement dont je parle est aussi fort que dans beaucoup de chemins anglais, où les rails sont terminés carrément.

L'inégalité dans la force des ressorts, ou leur insuffisance, est encore une cause puissante de secousse, elle influe aussi sur le mouvement de lacet.

Sur les quatre ressorts qui supportent une voiture, il n'y en a presque jamais que trois qui travaillent; mais ce ne sont pas constamment les mêmes, et il suffit d'un choc léger pour établir une nouvelle position d'équilibre. De là résulte d'abord un mouvement brusque bien plus grand que celui auquel donnait lieu le choc direct; ensuite la position du centre de gravité par rapport à la résistance se trouvant changée, il se produit un mouvement de rotation dans le sens horizontal.

Enfin on conçoit que la distribution des poids dans les voitures doive aussi avoir une grande influence sur le mouvement de lacet, suivant que la ligne du tirage passe par le centre de gravité ou s'en éloigne plus ou moins. Ces variations peuvent être d'autant plus grandes que le nombre des voyageurs dans chaque voiture est plus loin d'être au complet et que les voitures elles-mêmes sont plus larges : il y a toujours tendance à se placer sur le côté de la voiture, et le poids des voyageurs agit alors au bout d'un bras de levier d'autant plus long.

Pour obvier à cet inconvénient, il faudrait remplir graduellement les voitures pour les mettre au complet autant que possible, et, pour cela, délivrer des billets numérotés et correspondant à chaque place sans qu'il fût permis d'en changer ; c'est ce qui a lieu pour les voitures du *Grand junction*, entre Liverpool et Birmingham ; mais c'est le seul chemin où l'on soit parvenu à obtenir cet ordre parfait ; on l'a essayé pour les autres, pour celui de Londres à Birmingham, par exemple, mais inutilement ; cette anomalie est d'autant plus remarquable que les voitures des deux compagnies circulent également sur l'une et l'autre partie de la ligne totale.

Le défaut de centrage des roues peut tenir à une négligence dans la confection, et j'en ai remarqué plusieurs dans ce cas : il peut résulter aussi de l'usure inégale des bandages. L'action du frein est une puissante cause de cette irrégularité. Dès que la plus légère partie de la roue sur laquelle il s'exerce a été altérée, c'est là que l'action du frein agit plus énergiquement, la roue s'use alors toujours dans les mêmes points et cesse d'être ronde. Aussi peut-on remarquer que les voitures munies de frein sont plus fatigantes que les autres et prennent parfois un mouvement de galop presque insupportable. Ce désagrément, joint à celui qui résulte immédiatement de l'action directe du frein, fait que les voyageurs doués de quelque esprit d'observation évitent avec soin de se placer dans les voitures munies de cet appareil.

En Belgique, l'inconvénient que je viens de signaler est moindre, parce que dans chaque convoi il y a des voitures de troisième classe, et c'est généralement sur ces dernières que l'on fait agir les freins.

Le mouvement de lacet n'a pas seulement pour effet de fatiguer les voyageurs et d'augmenter le tirage, mais il tend aussi à détruire plus promptement les voitures et surtout les roues, qui, portées violemment contre les rails, s'usent alors plus rapidement, principalement dans la partie du rebord. Le mouvement est particulièrement remarquable sur certains chemins où une partie des roues sont hors de service par suite de l'usure totale du rebord, lorsque le bandage est encore en très bon état.

En Belgique, un autre effet se produit; les roues se creusent assez vite, et il faut les remettre sur le tour. Cet inconvénient, plus marqué là qu'il ne l'est généralement, tient, peut-être, à la mauvaise fabrication de quelques uns des leurs rails, qui présentent au milieu une espèce de côte ou saillie assez sensible, ce qui doit contribuer puissamment à la prompte destruction des roues.

A part toutes les précautions à prendre pour la confection des roues et des ressorts, la largeur des voitures, le bon état d'entretien de la voie, il est un moyen de s'opposer au mouvement de lacet, qui est employé avec succès sur le chemin de Londres à Birmingham.

Il consiste dans l'emploi de doubles menottes à vis, au moyen desquelles on réunit les voitures et on les serre les unes contre les autres, en comprimant d'une certaine quantité les ressorts des heurtoirs. L'effet immédiat de cette disposition est de détruire les commotions que l'on éprouve chaque fois que le convoi s'arrête ou se met en marche, et qui sont d'autant plus sensibles que l'on est plus éloigné de la machine.

Ces secousses tiennent au temps perdu qu'il y a généralement entre la mise en marche des voitures consécutives, et qui fait que celles de la queue du convoi reçoivent l'action de la machine lorsque déjà elle a une vitesse acquise très sensible.

L'effet des menottes est de rendre toutes les voitures solidaires; elles entrent en mouvement et s'arrêtent presque simultanément; je dis presque, parce que la menotte opérant sur les ressorts un tirage moindre que celui qui a lieu pendant la marche et surtout au départ, il y a toujours une légère différence entre l'origine du mouvement des voitures successives : différence nécessaire d'ailleurs pour que la machine n'ait pas à vaincre à la fois l'inertie de toutes les voitures, mais il n'y a plus de changemens brusques de vitesse.

On conçoit d'un autre côté que, par cette disposition, le mouvement de lacet se trouve beaucoup atténué, sinon tout-à-fait anéanti, parce que chaque voiture est retenue, dans ses oscillations horizontales, par la nécessité d'entraîner les voitures contiguës.

Toutefois ce procédé, tout récent, il est vrai, n'est encore adopté d'une manière absolue que sur le chemin de Birmingham; il est à peine connu en Belgique.

La seule objection à laquelle il peut donner lieu, je pense, c'est que, pour être complétement efficace, il faut que toutes les voitures, ou du moins le plus grand nombre, soient pourvues de heurtoirs à ressort.

Du reste, cette objection est presque sans valeur maintenant que partout on a reconnu l'avantage de placer des heurtoirs de cette espèce, même sur les voitures de deuxième classe. Cette amélioration entraîne sans doute une augmentation de dépense; mais elle est amplement compensée par la meilleure conservation du matériel; on l'a adoptée même en Belgique, où, cependant, il faut le dire, toutes les dépenses qui n'avaient pas un but réel d'utilité immédiate ou d'économie en dernier résultat ont été sévèrement proscrites.

Outre les menottes dont je viens de vous entretenir, les voitures sont encore reliées par deux chaînes que l'on pourrait appeler de sûreté, et qui ne sont destinées à agir que dans le cas de rupture de la menotte.

La manœuvre de cette dernière exige des soins particuliers, et a donné lieu à quelques dispositions ingénieuses. J'ai fait prendre note de ces divers détails, et nous serons en mesure de nous servir immédiatement et avec avantage de ce petit appareil.

L'état d'entretien de la route n'est pas sans influence non plus sur les secousses que ressentent les voyageurs; lorsqu'on observe attentivement les rails au moment du passage d'un convoi, on est étonné de la quantité dont quelques uns fléchissent parfois, et l'on conçoit très bien qu'il doive en résulter pour les voitures le même effet qu'un choc brusque. Ces flexions, en faisant prendre momentanément aux axes des locomotives des positions inclinées par rapport au plan général de la machine, contribuent beaucoup à sa détérioration, en déterminant un mouvement de torsion dans les bielles. On avait bien cherché à remédier à cet inconvénient en ne faisant pas les parties de l'axe cylindriques; mais, par un défaut de réflexion difficile à expliquer, au lieu de les faire sphériques, on leur avait donné une courbure telle que le rayon de courbure était au dehors de l'axe: disposition qui présentait à un plus haut degré le défaut des parties cylindriques. Quoi qu'il en soit, la chose la plus importante, c'est de remédier, dès qu'on s'en aperçoit, à ces flexions qui ne proviennent que de ce que le sol cède sous la pression éprouvée par le chair. On ne peut bien connaître l'état de la route sous ce rapport important qu'en l'examinant lors du passage d'un convoi. C'est de cette surveillance minutieuse et continuelle que dépend en grande partie la conservation du matériel; les déviations des rails, les ondulations de la route peuvent se reconnaître à la simple vue et à chaque instant; mais l'état du sol inférieur ne se manifeste qu'au passage des convois.

Enfin, messieurs, il est encore un autre genre de phénomène bien remarquable, c'est la différence de sensation qu'on éprouve suivant que la partie de route que l'on traverse a été établie sur des traverses en bois ou sur des dés en pierre. Les uns et les autres ont en effet été employés sur la plupart des chemins anglais, les dés en pierre sur les parties solides, les traverses dans les terrains mouvans ou remblayés.

Avec un peu d'attention on s'aperçoit que le passage sur chaque dé ou traverse est très distinctement marqué et détermine une sensation particulière, quelque parfait que soit d'ailleurs l'état d'entretien de la route; mais sur les traverses en bois cette sensation est plus douce, plus sourde, moins heurtée; sur le dé en pierre elle est plus brusque, saccadée, plus forte; il est impossible de les confondre, et l'on peut dire à coup sûr, sans y regarder, comment est établie la portion de route que l'on parcourt. Je n'ai jamais trouvé du reste cette différence aussi tranchée que sur la route de Preston au Wigan, lorsque je l'ai parcourue le jour de son ouverture.

Cette plus grande douceur dans les mouvemens, qui résulte de l'emploi des traverses, est un fait aujourd'hui bien reconnu, et tandis que celles que l'on a généralement employées ne l'ont été d'abord qu'avec l'intention de les remplacer plus tard par des dés en pierre, lorsque les terrains seraient suffisamment consolidés, on est aujourd'hui très disposé à les renouveler lorsquelles seront hors de service.

La plus grande partie de ces traverses sont en mélèse, d'autres en chêne, quelques unes en bois blanc; un certain nombre ont été préparées au moyen du sublimé corrosif par le procédé de M. Kyan; il n'y a encore aucun résultat positif sur le meilleur système à employer; en Belgique, on a voulu essayer de toute espèce de bois. C'est une question pour ainsi dire à l'étude, et dont la solution complète se fera long-temps attendre, parce qu'il est difficile que les qualités de bois employées, sous la même dénomination, soient exactement comparables, et que d'ailleurs les mêmes espèces ne se comportent pas de la même manière dans des terrains différens.

On n'est pas davantage d'accord sur la meilleure forme à donner aux rails. Sur la route de Londres à Birmingham on trouve un grand nombre de rails dits *fish belly* pour lesquels M. Stephenson a pris une patente; ce sont des rails ondulés qui se rapprochent de la forme donnée dans l'origine aux rails en fonte, et qui est celle d'un solide d'égale résistance. Cette espèce de rails a été employée en Belgique; ils ne pèsent que 22 kilogrammes; toutefois la plus grande partie des rails de la route de Birmingham sont des rails à deux têtes parfaitement symétriques semblables à ceux que vous avez adoptés. On en a employé de deux espèces : les uns pèsent jusqu'à 72 livres et au delà, et les autres 64. On avait essayé, avec les premiers, de placer les chairs à une distance de 5 pieds les uns des autres, mais il a fallu en mettre d'intermédiaires. Les seconds, avec des chairs espacés d'un yard, se comportent très bien. Dans une portion, comme essai, on a mis des rails plus légers établis sur un sommier en fonte qui les supporte dans toute leur longueur; il ne paraît pas que jusqu'à présent cette disposition ait donné de grands avantages. Le sommier présente dans sa section la forme d'un **V**; dans l'intérieur est un support en bois sur lequel s'appuie le rail.

Dans les fabriques, on exécute des rails de forme très variée; la plupart sont destinés pour les Etats-Unis et n'ont d'autre but que d'obtenir leur introduction en franchise de droit, au moyen de la forme qu'on leur a donnée; après quelques mois de mise en place, ils sont remplacés et livrés au commerce comme fer en barre.

Le point sur lequel on est le plus généralement d'accord, c'est la nécessité de donner au rail assez de poids pour que, par sa masse même, il s'oppose aux vibrations qui tendent à s'établir. La forme symétrique du double T est la plus communément adoptée, elle donne plus d'assiette au rail; c'est aussi celle qui, pour le même poids de matière, présente la plus grande résistance à la flexion dans les deux sens. Enfin, elle offre encore un avantage que l'usage seul a pu révéler; lorsqu'une machine est sortie de la voie, en démontant quelques uns des rails les plus voisins, et les mettant sur le côté, on peut improviser une route à ornière qui facilite beaucoup le travail pour ramener la machine sur le chemin.

L'emploi d'un coin en bois, pour fixer le rail sur les chairs, est aussi la méthode la plus communément employée; toutefois elle n'est pas la seule. En Belgique les rails sont fixés par une clavette en fer; en Angleterre les rails ondulés le sont par une fiche placée perpendiculairement au rail et maintenue par un boulon transversal. J'ai vu des rails tenus par un boulon qui les traversait de part en part, et chez M. Mather Dixon, à Liverpool, on m'a montré des chairs destinés à un chemin du continent et dans lesquels le rail sera fixé par une petite sphère d'acier, retenue par une clavette, de manière à rendre le chair indépendant des divers mouvemens que peut prendre le rail.

Il y a dans l'établissement de la voie en fer un point important que je ne saurais passer sous silence : c'est celui des croisemens et changemens de voie. Pour les premiers, les chemins de Belgique présentent un système particulier ; pour les seconds, c'est le chemin de Londres à Birmingham ; il me serait impossible d'entrer dans tous les détails de ces combinaisons et de me faire comprendre sans le secours de dessins. Je ne puis donc qu'énoncer sommairement en quoi consistent ces différences.

Le rapprochement des rails aux endroits où ils doivent se croiser exige certaines modifications dans leur forme ; on les obtient généralement soit en modifiant les rails eux-mêmes, soit en les remplaçant accidentellement par des barres de fer carrées fixées sur des pièces de bois. En Belgique, par un motif d'économie ou par suite du désir d'éviter les soins minutieux qu'exige la pose de ces parties, on a fait des croisemens complets en fonte et d'une seule pièce ; on paraît assez content de cette disposition, et j'avoue qu'au premier coup d'œil elle est séduisante par la simplicité qu'elle présente ; mais, en l'examinant de plus près, on trouve que l'économie réelle est plus que problématique, par suite de l'excès du poids de la pièce en fonte sur celui du fer qu'exige l'autre système. Ensuite, l'étendue des pièces de fonte étant nécessairement assez limitée, à moins de tomber dans un accroissement de dépenses très considérable, ce genre de croisement n'est applicable que tout autant que les lignes de rails se rencontrent sur un angle assez ouvert, et c'est un reproche capital que l'on fait à la manière dont les voies ont été combinées sur les routes belges. Les déviations sont trop brusques et fatiguent beaucoup les roues des machines et des voitures.

Les divers systèmes employés pour les changemens de voie se réduisent à deux combinaisons générales ; dans l'une, au moyen d'un système d'aiguilles qui agit contre la partie intérieure des roues, on les force à entrer dans la voie que l'on désire faire suivre au train ; dans l'autre, c'est le rail lui-même que l'on déplace en établissant ainsi momentanément d'une manière continue la route que l'on a choisie. Chacun de ces systèmes a ses avantages et ses inconvéniens. L'emploi des aiguilles est plus coûteux, il fatigue davantage les roues, car il agit sur elles en sens contraire de la pression qu'elles éprouvent habituellement, et cela d'une manière assez brusque ; mais aucune partie des voies n'étant déplacée, le seul inconvénient qui puisse résulter d'un oubli de la part de la personne chargée de manœuvrer l'aiguille, est que le train prenne une autre voie que celle que l'on désirerait, et rien n'est plus facile que de revenir r ses pas. Dans le second système, qui consiste, comme je viens de le dire, à déplacer une partie de la voie, il peut arriver que, par suite d'un oubli, une machine s'avance sur une voie qui se trouve momentanément interrompue, et en sorte tout-à-fait, ce qui est autrement grave. Cependant, ce système est celui adopté sur le chemin de Londres à Birmingham, sans que, jusqu'à présent, l'inconvénient dont je viens de parler se soit présenté : c'est qu'en effet il devient presque impossible, lorsque, par suite de l'ordre établi, les mêmes parties de la ligne sont toujours parcourues dans le même sens. Cette disposition est d'ailleurs plus économique que les aiguilles, et c'est probablement un des motifs qui l'a fait adopter en Belgique ; toutefois, elle ne présente pas dans ce pays tous les avantages dont elle est susceptible, par suite de l'emploi absolu qui y a été fait de rails ondulés. Ce genre de rails ne pouvant prendre un mouvement latéral en glissant sur une surface plane, il a fallu employer des espèces d'aiguilles pour atteindre le but désiré. L'emploi de rails à deux têtes se prête au contraire admirablement bien à cette combinaison. Sur le chemin de la Grande-Jonction, comme sur presque tous les chemins anglais, les aiguilles ont prévalu; la réunion des deux moyens à Birmingham, où viennent se rencontrer les deux lignes, en fait mieux ressortir les convenances réciproques. En examinant avec attention les avantages et les inconvéniens des deux systèmes, on arrive à cette conclusion, que ni l'un ni l'autre ne doit être employé exclusivement, et que chacun à son tour doit être préféré suivant le but des croisemens à effectuer, la situation et la nature du service ; il en est de même des croisemens en fonte : il y a des circonstances où ils peuvent être employés avantageusement, et sans entraîner aucun des inconvéniens qui leur sont inhérens en général.

Gares de départ et d'arrivée. — Dispositions générales. — Vitesses obtenues en Angleterre et en Belgique.

Les dispositions adoptées pour les gares de départ et d'arrivée varient avec chaque chemin; il a fallu se conformer aux exigences de chaque localité, en profitant de tous les avantages qu'elles pouvaient présenter d'ailleurs; mais au milieu de toutes ces combinaisons, il y a des points essentiels sur lesquels tout le monde a été d'accord, et dont la nécessité reconnue, peut être regardée comme le résultat de l'expérience : c'est, d'une part, la couverture de la voie dans toute l'étendue occupée par les convois ordinaires; de l'autre, la distinction absolue entre la voie de départ et celle d'arrivée. Une vaste toiture de 80 à 100 mètres de longueur, assez large pour recouvrir 4 à 6 voies commodément espacées et deux trottoirs de 5 à 6 mètres de large, constitue l'essence de la station; le reste est pour ainsi dire accessoire, et peu en importe la disposition. Les trottoirs, élevés à la hauteur du plancher des voitures, sont destinés, l'un à l'embarquement des voyageurs, l'autre à leur débarquement; la voie la plus rapprochée est affectée au stationnement du convoi qui arrive ou va partir, une troisième sert au dégagement de la machine qui a amené le convoi et reste toujours libre, les autres servent de dépôt pour les voitures en réserve.

Dans l'origine, lorsque le chemin de Liverpool à Manchester fut livré à la circulation, l'importance des deux dispositions principales que je viens d'indiquer n'avait pu être appréciée; mais on ne tarda pas à en sentir l'utilité, et lorsque la gare d'arrivée fut placée au centre de Liverpool, on se hâta de s'y conformer. Cette gare est formée par un hangar de 72 mètres de longueur sur 18 mètres de largeur, qui recouvre 5 voies parellèles; les machines locomotives n'arrivent point dans cette station, elles restent à l'entrée du souterrain, et les convois sont amenés par une machine fixe; des cinq voies de la station il y en a donc trois qui restent libres pour y déposer les voitures, comme dans presque toutes les autres gares; la voie de gauche est affectée au départ et celle de droite à l'arrivée. Cette gare sert aujourd'hui de point de départ pour plusieurs lignes, aussi les convois s'y succèdent-ils presque sans interruption; et quoique les mesures d'ordre n'y soient pas aussi complètes que sur la route de Birmingham, le service, quelque actif qu'il soit, s'y fait sans effort par suite de la grande habitude qu'a donnée un long exercice. C'est de là que partent successivement des convois pour Preston, Bolton, Manchester et Birmingham. La gare d'arrivée à Manchester, établie dès l'origine, ne présente pas une disposition aussi commode que celle de Liverpool ; la voie n'a pu y être couverte, mais on y a établi après coup un trottoir d'arrivée distinct de celui du départ et dont la toiture, avançant jusque vers le milieu des voitures, permet aux voyageurs de descendre à couvert.

J'ai dit que le point de départ du chemin de la Grande Jonction se trouvait à Liverpool dans la gare du chemin de Manchester; la gare d'arrivée à Birmingham n'était pas encore terminée il y a un mois; cette gare présentera une disposition toute particulière : l'arrivée et le départ y sont entièrement distincts et placés l'un à la suite de l'autre, mais en retraite, de sorte que la machine qui vient d'amener un convoi se trouve immédiatement placée à la tête de celui qui doit partir; il n'a pas fallu ainsi de voie de dégagement spéciale, et le nombre total des voies dans chaque partie est de trois seulement. La longueur de chaque trottoir est de 90 mètres environ; cette disposition est très ingénieuse, et il n'était pas possible de tirer un meilleur parti de l'étroit emplacement dont on pouvait disposer; il fallait d'ailleurs avoir une communication prompte et facile avec la gare du chemin de Londres à Birmingham.

Pour ce dernier, les gares principales ont pu être combinées d'avance avec tous les élémens que pouvait fournir l'expérience acquise sur d'autres routes, depuis plusieurs années; les avantages que présentait la configuration même du terrain ont été habilement ménagés, et si l'on peut critiquer l'ordonnance de certains détails, on doit rendre cette justice aux dispositions adoptées, que, réunissant toutes les conditions de commodité désirables, elles frappent au premier aspect par leur supériorité incontestable.

Il y a en réalité quatre grandes stations ou gares sur la route de Londres à Birmingham, l'une au point de départ dans cette dernière ville, une seconde à Wolverton, située à peu près au milieu de la ligne totale, une autre à Camden Town, où se termine la ligne parcourue par les locomotives; enfin, une quatrième à Londres, à *Euston-Grove*, où arrivent les trains des voyageurs.

L'ensemble de la station de Birmingham occupe une superficie de plus de 5 hectares, quoique la gare proprement dite, la partie destinée à l'arrivée ou au départ des trains de voyageurs, n'occupe guère que 6000 mètres carrés environ; le reste comprend la gare des marchandises, le dépôt des machines, un magasin de voitures, les établissemens nécessaires pour la fabrication du coke; à son arrivée dans la station, la route en fer traverse un canal qui la met ainsi en communication immédiate avec l'intérieur du pays, et rend les approvisionnemens de charbon extrêmement faciles. Le dépôt des machines a deux étages: l'un, de niveau avec la station, sert à remiser les locomotives; l'autre, inférieur, se trouve de niveau avec le terrain où se fabrique le coke et avec le canal par où arrivent les charbons.

Le hangar sous lequel stationnent les convois a 72 mètres de long environ sur 34^{m} 50 de large, et présente une double travée soutenue par trois rangées de 12 colonnes chacune; une de ces rangées se confond avec la façade du bâtiment occupé par les bureaux et les salles d'attente; chaque travée comprend trois voies parallèles et un trottoir de 18 pieds de large.

Les colonnes sont en fonte, et la charpente en fer est d'une légèreté remarquable. A Wolverton se présente une disposition analogue; là aussi, la route traverse un canal: l'espace occupé par la station est très étendu; il comprend une gare pour les voyageurs, l'atelier principal de réparation des machines, des terrains pour la fabrication du coke, enfin un dépôt de marchandises. Ce dernier se compose de magasins à deux étages, dont l'un est au niveau de la route, pendant que l'autre correspond directement aux bords du canal. La station est traversée par le chemin; les trains stationnent sur la voie même; on n'a point établi de trottoirs pour la descente des voyageurs, et toutefois il n'en résulte point d'accidens, grace à la surveillance active des employés. Les convois font dans cette station une halte de dix minutes, pendant lesquelles les voyageurs sortent de voiture et prennent quelques rafraîchissemens; mais la gare des voyageurs n'étant située que d'un côté, si par hasard le train venant de Birmingham se trouve à la station lorsque arrive le train de Londres, les voyageurs de ce dernier ne peuvent que difficilement communiquer avec la station, qui se trouve masquée par le premier train; cette coïncidence n'arrive d'ailleurs qu'exceptionnellement.

Arrivés à Camden Town, les trains cessent d'être remorqués par une machine locomotive; ils achèvent leur trajet en vertu de leur propre pesanteur, en descendant le plan incliné qui les conduit jusqu'à la station de Londres. Celle de Camden Town se trouve ainsi être la station principale; c'est là que sont les dépôts d'approvisionnemens généraux; on y trouve un atelier d'entretien pour les locomotives, la gare des marchandises et un établissement pour la fabrication du coke. La superficie totale de cette station est de 35 acres, ou 14 hectares environ; elle jouit, comme les deux précédentes, de l'avantage immense de se trouver sur le bord d'un canal que traverse la route. Une grande partie de cette station a dû être remblayée, une autre est restée au niveau du canal; sur ce niveau se trouvent établis, la machine fixe qui sert à remonter les trains sur le plan incliné, laquelle est ainsi placée directement au dessous de la voie; l'établissement pour le coke, qui se compose de dix-huit fours dont les gaz vont se réunir dans une seule cheminée; enfin, la partie de la gare des marchandises où doivent circuler les camions de roulage.

Dans la partie supérieure du terre-plein, la partie principale de la gare des marchandises, celle où doivent arriver les wagons, n'est pas encore terminée; elle offre une disposition assez analogue aux rameaux qui se rattachent au corps d'un arbre; les marchandises seront ainsi classées facilement par espèce; chaque rameau est isolé des autres et s'avance en saillie par une série d'arcades, au dessus de la partie inférieure de la gare; la communication sera établie au moyen de grues, et les camions pourront circuler avec la plus grande liberté, pour arriver aux divers magasins, sans rencontrer les voies parcourues par les wagons. Le reste de ce vaste emplacement est couvert par les approvisionnemens de rails, de chairs, de traverses en bois, de wagons de terrassemens ou de marchandises, et malgré son étendue, on serait presque tenté de s'y trouver à l'étroit.

Le plan incliné qui réunit la station de Camden Town à celle de Euston-Grove a un mille et demi de longueur environ; il présente différentes pentes et une longue courbe, ce qui a offert quelques difficultés pour l'établissement du cordage qui sert à remonter les convois, au moyen de la machine fixe placée à Camden Town : ce plan incliné est établi sur quatre voies parallèles.

La station de Euston-Grove doit se composer de deux gares parallèles et symétriques; une seule a été terminée jusqu'à présent et suffit à l'exploitation du chemin; elle présente une disposition tout-à-fait analogue à celle de Birmingham; le hangar, à peu près de la même longueur, offre deux travées; la charpente en fer est supportée par des colonnes en fonte, mais chaque travée, dont l'une est destinée au départ, l'autre à l'arrivée des convois, ne renferme que deux voies. Les locomotives ne venant pas dans cette gare, on a pu supprimer la voie affectée au dégagement des machines.

L'étendue totale de la station est d'environ trois hectares et demi; elle renferme un dépôt de voitures, dont la partie supérieure est occupée par les ateliers nécessaires à leur réparation. Dans ce dépôt, qui a 50 mètres de long sur 30 de large, quinze plates-formes tournantes, placées dans l'axe et sur une seule ligne, servent à distribuer les soixante voitures qu'il peut recevoir; toutefois ce dépôt est loin d'être suffisant; on ne peut y placer que les voitures en réserve ou en réparation; la partie des voies intermédiaires, située sous les hangars, est elle-même insuffisante pour les voitures en service, et le plus grand nombre est dispersé dans la gare, exposé aux injures de l'air. Le même inconvénient se présente à Birmingham, et j'ai souvent entendu exprimer le regret que, dans la disposition générale, on ne se soit pas réservé les moyens de prolonger les diverses voies en arrière de la gare proprement dite, pour y placer les voitures.

J'ai dit qu'une des moitiés seulement de la double gare projetée avait jusqu'à présent été exécutée et suffisait au service; toutefois, la décoration de la façade entière de la station a éte complétée, et on n'a pas consacré moins de 35,000 livres pour cet objet : dépense purement de luxe et qui ne présente même pas pour le service le moindre degré d'utilité.

C'est dans un tout autre esprit que les chemins du nord de l'Angleterre ont été établis, et cependant à Preston, dont le chemin vient s'embrancher sur celui de Liverpool à Manchester, à Carlisle, à Newcastle, on a senti la nécessité de défendre les voyageurs et les voitures elles-mêmes contre les injures de l'air, en établissant des toitures sur les gares d'arrivée et de départ.

C'est que le même esprit d'économie qui prescrit de ne faire que des choses utiles et de les faire au meilleur marché possible, prescrit aussi de veiller à leur conservation.

Si j'insiste sur ce point, messieurs, c'est qu'en Belgique les mêmes principes ne paraissent pas avoir dirigé l'établissement des gares. Là, les voyageurs descendent en plein air, sur la route elle-même, et les voitures, même celles qui ne sont pas en service, restent exposées à toutes les intempéries des saisons.

On doit être moins frappé de cet état de choses, lorsque les routes de Belgique sont les premières longues lignes de chemin de fer que l'on visite; mais lorsqu'on y arrive après avoir parcouru l'Angleterre, on est saisi de la nudité qu'elles présentent; on retrouve sans doute des chemins de fer, des routes plus perfectionnées que les chemins ordinaires, mais ce qu'on cherche vainement, c'est le caractère d'un système complet d'exploitation, dont toutes les parties doivent être en harmonie, parce que toutes ont leur importance.

On s'est attaché d'abord à établir la route, puis immédiatement les bureaux du fisc pour la perception du péage; mais on dirait que le gouvernement, bien convaincu que l'exploitation de ces lignes devait lui échapper un jour, a voulu laisser à la compagnie qui en serait chargée le soin de s'établir d'une manière convenable.

Pour apprécier avec justesse l'un et l'autre système, je pense qu'il faut se placer à un point de vue différent.

M. Nothomb, ministre des travaux publics en Belgique, regarde les chemins du midi de l'Angleterre comme une affaire de luxe; il aurait cru commettre une grande faute en les imitant: suivant lui, le chemin qui doit servir de type est celui de Newcastle à Carlisle.

Et cependant, messieurs, sur ce chemin, comme j'ai eu l'honneur de vous le dire, les gares sont couvertes, tandis que d'un autre côté le tracé de la route est tel, par suite des courbes nombreuses à faibles rayons, des pentes et contrepentes qu'on y rencontre, que je ne crois pas qu'aujourd'hui un seul ingénieur anglais voulût en proposer un pareil.

Il ne m'appartient pas d'oser déverser le blâme sur l'un ou l'autre système; je hasarderai, au contraire, de dire comment il me semble que chacun d'eux peut être défendu.

En Angleterre, avant l'établissement des chemins de fer, les routes ordinaires étaient déjà magnifiques ; on y voyageait avec une merveilleuse rapidité, puisque dans les voitures publiques on faisait, sur certaines lignes, jusqu'à cinq lieues par heure; j'ai souvent été de Londres à Manchester en 17 heures. D'un autre côté, la circulation était déjà très grande et la valeur du temps estimée un très haut prix ; pour atteindre leur but il fallait que les chemins de fer présentassent des routes plus belles encore que celles déjà existantes, des moyens de transport plus rapides, plus faciles; il fallait qu'on y trouvât le confortable qui est dans les habitudes, et l'économie du temps, évaluée au poids de l'or, permettait d'acheter chèrement les nouveaux avantages offerts.

En Belgique, au contraire, les routes étaient moins bonnes, les communications difficiles, lentes, le besoin de voyager était à peine senti, la valeur du temps moins appréciée: d'une façon ou de l'autre il fallait créer ou réparer des routes: on en fit en fer; l'attrait de la nouveauté, le bas prix du transport, devaient faire naître l'habitude des voyages; il ne s'agissait pas de satisfaire un besoin, mais de le créer pour ainsi dire; il fallait changer les habitudes d'un peuple et s'adresser à toutes les classes, à la plus nombreuse surtout et la moins capable de faire des sacrifices. Eu égard à la situation antérieure des choses, les chemins de fer les moins parfaits eussent été déjà une amélioration immense.

Cependant, messieurs, j'aurais été mal compris si l'on devait conclure, de ce que je viens de dire, que les chemins de fer de Belgique manquent tout-à-fait dans leur ensemble de ce caractère de grandiose qui doit être inséparable d'une vaste entreprise.

Ce n'est pas en effet un spectacle peu imposant que celui que présente la station de Malines, lorsque des convois arrivant des quatre points opposés de la Belgique viennent s'y réunir à la même heure, pour en repartir à la fois au bout de quelques instans et faire circuler l'activité et l'industrie jusqu'aux extrémités du royaume. On se reporte involontairement par la pensée aux foires anciennes ou à ces bazars de l'Orient où les peuples les plus éloignés, privés de communications journalières, viennent se confondre quelques instans pour se disperser bientôt après de nouveau.

Avant de quitter ce sujet, je dirai quelques mots de la situation respective des gares par rapport aux villes auxquelles elles appartiennent.

Le chemin de Liverpool à Manchester paraît être le seul pour lequel on ait cru convenable de faire pénétrer la ligne jusqu'au centre de la ville afin d'y établir une gare. C'est qu'en effet, en quelque point d'une grande cité que l'on vienne aboutir, la station se trouve nécessairement très éloignée du plus grand nombre, et les omnibus deviennent le complément obligé du chemin de fer; or, dès qu'il faut monter en voiture, qu'importent quelques centaines de mètres de plus ou de moins, tant que la distance à parcourir est très minime, eu égard à la distance à franchir sur la route de fer.

La ville de Liverpool se trouvait dans une situation exceptionnelle; son éloignement de Manchester n'est pas considérable; on y a peu l'habitude des voitures; tout le commerce, la partie la plus active de la population, se trouve concentré dans le voisinage des docks, et l'on a dû venir à sa rencontre au moyen d'un tunnel de 1600 m.

environ, pendant que d'un autre côté on établissait la gare des marchandises immédiatement sur les quais, après avoir traversé en souterrain toute la largeur de la ville, qui n'est pas moindre dans cette partie de 2300 mètres. Nulle autre part on n'a eu à se préoccuper d'une situation semblable, et en s'arrêtant à l'entrée des grandes cités, on a pu se trouver immédiatement en communication avec les canaux ou les rivières qui alimentent leur commerce, circonstance heureuse, dont, comme j'ai eu l'honneur de vous le faire remarquer, on a habilement profité.

En Belgique, on a rencontré pour les abords un obstacle ignoré en Angleterre, celui des fortifications : pour prévenir toute difficulté on est resté en dehors du rayon de défense des places, et les stations extérieures se sont trouvées en rase campagne, c'est-à-dire dans le même cas que les stations intermédiaires, qu'il faut bien se résoudre à voir établies tout-à-fait en dehors des villes qu'elles sont appelées à desservir. Du reste, quelle que soit la distance à laquelle ces stations se trouvent placées, elles sont en général complétées par des services d'omnibus très bien établis, et en dehors de l'administration des chemins; la plupart sont en relation directe avec les principaux hôtels, intéressés à ce service régulier qui leur procure des voyageurs, et offre d'un autre côté à ceux-ci toute sécurité contre une arrivée tardive aux bureaux des stations.

Vous savez, messieurs, que sur le chemin de Birmingham à Londres les machines locomotives n'arrivent pas jusqu'à la station d'Euston-Grove, mais s'arrêtent à celle de Camden Town, et que l'intervalle de ces deux stations est occupé par un plan incliné. Les trains descendent ainsi entraînés par leur propre poids, et sont remorqués au départ par une machine stationnaire.

Une disposition analogue se présente à Liverpool ; les

machines ne pénètrent point dans l'intérieur de la ville, les trains y sont amenés par des machines stationnaires ou entraînés par leur propre poids. Cette combinaison a sans doute l'inconvénient de nécessiter un surcroît de dépense quant à l'exploitation, mais elle présente bien aussi quelques avantages sous le rapport de la sécurité; et lors même qu'on n'y aurait pas été conduit par la nature même du terrain qui a nécessité l'emploi des plans inclinés, peut-être aurait-on cherché à l'obtenir.

Je crois que l'on s'est en général trop exagéré l'inconvénient des plans inclinés; le danger n'y est certainement pas plus grand que sur une route de niveau que l'on parcourt avec une vitesse de 1,000 mètres par minute. S'il faut les éviter avec soin dans le cours d'un tracé, c'est surtout parce qu'ils interrompent la continuité du service; mais aux points d'arrivée et de départ, le même inconvénient n'existe plus, et il est même telle localité où les plans inclinés s'adaptent merveilleusement à toutes les convenances.

La Belgique en présentera sous peu un exemple frappant. Le chemin de fer de Malines à Liége arrivera dans cette ville par un plan incliné de deux centimètres et demi par mètre, divisé en deux rampes par un palier intermédiaire. La partie supérieure, de niveau avec le reste de la route, se trouvera à la hauteur des pays environnans et d'un grand nombre de charbonnages. Le palier intermédiaire correspondra à la partie haute de la ville de Liége et à une seconde série de charbonnages; enfin le palier inférieur sera au niveau de la ville basse et de la Meuse; c'est de là que partira la nouvelle ligne qui doit aller rejoindre la frontière prussienne.

Jusqu'à présent le chemin de Liverpool est le seul où le service des marchandises ait été complétement organisé. Tout se prépare pour l'établir convenablement sur celui de Londres à Birmingham; mais il ne peut avoir lieu encore que sur une très petite échelle. Les gares destinées à cet usage ne sont pas terminées, et le nombre des machines locomotives dont on peut disposer est insuffisant. Toutefois l'administration a pris les dispositions convenables pour se débarrasser de tous les détails si considérables qu'entraîne un grand mouvement de marchandises, et en traitant à cet effet avec la maison Pickfort, qui tient entre ses mains presque tout le roulage d'Angleterre, elle s'est assuré un puissant concours et n'aura plus à s'occuper que de la conduite des trains sur son chemin de fer.

En Belgique, on ne paraît pas avoir encore envisagé la question sous ce point de vue, et aucune disposition n'a été faite pour cet objet.

Une grande vitesse de parcours est un des buts principaux des routes en fer; c'est celui qui importe le plus au public, surtout lorsqu'il s'agit des voyageurs; c'est pour ainsi dire le seul qui le préoccupe, aussi les résultats obtenus en ce sens sont-ils l'objet constant de son étude.

Depuis l'ouverture du chemin de Liverpool, cette vitesse a constamment été en augmentant; et si, sur la route de Londres à Birmingham, elle ne répond pas toujours à l'impatience des voyageurs, il faut en chercher la cause non seulement dans les retards dus aux imperfections inséparables d'une route à peine terminée, mais surtout au temps perdu par les stations forcées qu'entraîne toujours l'exploitation d'une longue ligne.

On compte 120 milles environ de Londres à Birmingham; j'ai parcouru cette distance en 5 h. 19′ sur un train de première classe, en tenant compte exactement des temps d'arrêt des convois; nous nous sommes arrêtés huit fois, et le temps total ainsi perdu s'est élevé à 48′; le temps réel de marche a donc été de 4 h. 31′, ce qui donne une vitesse moyenne de 27 milles par heure. Si l'on tient compte du ralentissement qui précède et suit nécessairement chaque temps d'arrêt, on comprendra facilement que, pour arriver à ce résultat, il a fallu que dans certains momens la vitesse réelle fût de près de 35 milles, quoiqu'en définitive la vitesse moyenne du parcours, estimée d'après le temps total, n'ait été que de 22 milles, ou 8 de nos lieues environ par heure.

Sur le chemin de Liverpool, j'ai eu l'honneur de vous dire que j'avais franchi la distance totale de 32 milles en 48 minutes, avec un train de six voitures.

Cette diminution dans la vitesse moyenne, due au temps perdu par suite des arrêts, est tout aussi frappante en Belgique.

Parti d'Ostende à 7 heures 23 minutes, je suis arrivé à Bruges à 8 heures; à Gand, à 9 heures 25 minutes; à Malines, à 11 heures 12 minutes; à Bruxelles, à 11 heures 57 minutes; en 4 heures 34 minutes de temps total nous avons perdu 41 minutes en six stations. La vitesse moyenne de parcours n'a donc été non plus que de 8 lieues par heure, quoique par moment la vitesse réelle dépassât certainement 45,000 mètres par heure. Du reste, cette vitesse moyenne de 8 heures ou 32,000 mètres par heure n'est pas la plus habituelle en Belgique; il résulte des heures de départ et d'arrivée portées sur les tableaux que publie l'administration, que la vitesse du parcours n'y est calculée qu'à raison de 27,000 mètres ou six lieues et demie par heure.

Cependant, pour pouvoir comparer les résultats dans l'un et l'autre pays, il faut tenir compte de la manière dont le service est organisé et de la méthode suivie dans la conduite même des trains.

Il circule sur la route de Londres à Birmingham trois espèces de trains.

1° Les trains de seconde classe, dans lesquels se trouvent des voitures de première et deuxième classe et même des wagons ; ces trains s'arrêtent à toutes les stations et mettent souvent plus de six heures pour parcourir toute la ligne ;

2° Des trains de première classe composés uniquement de voitures de première classe, et qui ne s'arrêtent qu'à un petit nombre de stations intermédiaires, plus vastes, plus complètes que les autres. La durée de leur parcours est, comme je vous l'ai dit, de 5 heures 1/4 environ ;

3° Enfin tous les soirs il part, pour porter les dépêches, un train spécial de première classe qui ne s'arrête que pour prendre de l'eau et changer de machine; il franchit quelquefois la distance totale en 4 heures et demie, quoique le départ ait lieu de nuit.

En Belgique, au contraire, on n'a établi jusqu'à présent qu'une seule espèce de trains; ils se composent de voitures de toute sorte, berlines, diligences, chars-à-bancs et wagons; ils s'arrêtent à toutes les stations; il est donc juste de ne comparer leur marche qu'à celle des trains de seconde classe en Angleterre.

Dans ce dernier pays on a pris l'habitude, pour économiser le temps, d'arrêter brusquement les trains, en faisant usage, je dirai presque abus, des freins placés sur les voitures. J'ai déjà eu occasion de vous signaler les inconvéniens qui résultent de cette manière d'opérer, tant pour les voyageurs eux-mêmes que pour la conservation du matériel.

En Belgique, le mécanicien s'y prend de bonne heure pour ralentir sa marche; il arrive à la station avec une très petite vitesse; on conçoit facilement combien cette méthode est plus avantageuse sous le rapport de l'économie; mais, d'un autre côté, elle a une grande influence sur la vitesse moyenne totale que l'on obtient.

Nombre de machines nécessaires à l'exploitation d'un chemin.— Ateliers d'entretien. — Dépenses. — Consommation de coke.

J'arrive, messieurs, à l'une des questions relatives aux chemins de fer les plus controversées. Combien faut-il de machines locomotives pour l'exploitation d'une ligne donnée? A cette demande, qui lui a été si souvent adressée, un des hommes les plus experts dans la matière, M. Nothomb, m'a déclaré n'avoir jamais pu que répondre : *je n'en sais rien, c'est selon.* Et il est évident, en effet, qu'il est complétement illusoire de vouloir rapporter le nombre des machines à la longueur, par exemple, de la ligne parcourue. C'est peut-être là l'élément le moins influent, dans certaines limites, du matériel nécessaire.

Le nombre des machines dont il faut pouvoir disposer dépend d'abord de l'activité plus ou moins grande du service qu'il convient d'établir, du nombre et de la composition des convois, des pentes et des courbes que présente le tracé, de l'état d'entretien de la route, de la force, de la bonté des machines elles-mêmes, des soins qu'on leur donne, des moyens de réparation que l'on a à sa disposition, de l'organisation du service. Plusieurs de ces élémens ne peuvent être exactement appréciés d'avance, et pour juger, même par comparaison, il faudrait pouvoir tenir compte de tout.

A défaut d'un principe absolu, on doit recueillir le plus possible d'observations propres à servir de guide dans chaque cas; le but que l'économie prescrit d'atteindre n'est pas de faire le service avec le plus petit nombre de machines possible, mais d'arriver à réduire à son minimum la dépense annuelle totale. Eh bien, l'expérience a prouvé que, faute d'avoir un nombre suffisant de machines, on ne pouvait les entretenir convenablement, qu'elles se trouvaient plus vite hors de service, et leur renouvellement, nécessité dans un temps très court, entraîne dans une augmentation de dépenses effrayante.

Le fait le plus saillant que l'expérience ait mis en évidence, c'est que la bonne conservation des machines exige qu'elles soient complétement refroidies, pour être visitées, nettoyées, toutes les fois qu'elles ont fait deux cents milles, ou 80 lieues environ; il est en même temps avantageux de ne pas leur faire faire de suite des trajets trop étendus; et sur la route de Londres à Birmingham on change de machines à moitié route. En Belgique, quoique les convois continuent maintenant leur route de Bruxelles à Ostende, par exemple, sans que les voyageurs changent de voitures, les machines ne font leur service qu'entre Malines et les stations extrêmes.

Dans un trajet trop long, si le moindre dérangement vient à avoir lieu dans quelque organe, le mécanicien n'a pas le temps d'y porter le remède convenable, et au bout de la course, le mal est souvent devenu très grave et entraîne dans une réparation importante.

Lorsque les machines sont convenablement entretenues, elles peuvent faire moyennement de 11 à 12,000 milles anglais, et en Belgique, on cite une machine de M. Cockerill qui a fait 17,000 milles avant d'entrer en grande réparation. Vous savez, messieurs, que ce qu'on entend par ce terme équivaut presque à une reconstruction totale. A partir de son ouverture, le chemin de Liverpool à Manchester a vu s'accroître continuellement le nombre et la force de ses machines; sur cette route on comptait, en 1834, 30 machines, dont 10 de petites dimensions ou de construction vicieuse, c'étaient les premières employées, ne faisaient presque plus de service. En octobre 1837, le nombre total des machines était de 36, dont 23 en bon état, 5 en réparation d'entretien courant ou accidentel, 8 en grande réparation. En ce moment, ce nombre se trouve être de 54, dont 47 en bon état et 7 presque hors de service; cette subite augmentation tient sans doute en partie à la nécessité reconnue dans ces derniers temps de laisser fréquemment refroidir complétement les machines. Eclairée maintenant par une assez longue expérience, l'administration pense que le plus heureux résultat qu'elle puisse espérer est de faire le service avec un nombre total de machines, triple de celui qu'il faut mettre en feu chaque jour. Ce dernier nombre est dans ce moment de 15, dont 7 pour la station de Liverpool et 8 pour celle de Manchester.

Le service du chemin de la Grande Jonction paraît devoir exiger 54 machines, et le nombre total de départs, soit d'une station, soit de l'autre, est de 14 environ.

Sur le chemin de Londres à Birmingham, il y a le même nombre de départs; comme je l'ai déjà dit, le service est double, puisqu'on change de machines à Wolverton; quant au service des marchandises, il n'est pas complétement organisé et n'a lieu que sur une faible portion de la ligne. Dans les premières prévisions de l'administration, on avait compté sur 36 machines pour voyageurs et 30 pour les marchandises; on n'a pas tardé à reconnaître l'insuffisance de ce nombre et à faire une nouvelle commande de 12 machines pour les voyageurs, ce qui en portera le nombre total à 48; une grande partie de ces machines n'est pas encore exécutée.

En Belgique, le nombre total de machines qui se trouvent sur les routes de fer est, je crois, de 45 seulement; mais pressée d'avoir immédiatement un matériel plus considérable, l'administration n'a pu se contenter des ressources que lui offraient les vastes établissemens de M. Cockerill, et elle vient de faire en Angleterre une commande de 20 nouvelles machines.

J'ai déjà insisté sur l'importance des soins donnés à l'entretien des locomotives, sur la nécessité d'avoir à sa disposition les moyens de réparation convenables.

Sous ce rapport, il faut le dire, le chemin de Liverpool à Manchester laisse beaucoup à désirer; resserrée dans les limites de sa concession primitive, la Compagnie ne peut plus aujourd'hui donner aux annexes de ses gares tout le développement nécessaire; les machines en service sont obligées de stationner en plein air, exposées à toutes les injures du temps ; c'est même là que doivent se faire les réparations d'entretien journalier, et c'est à peine si les ateliers destinés aux grandes réparations peuvent recevoir simultanément un nombre suffisant de machines. Le chemin de la Grande-Jonction se trouve dans le même cas; heureusement ces deux entreprises ont à leur disposition, outre les ateliers spéciaux de machines que possède la ville de Liverpool, d'autres ateliers situés sur les routes de fer elles-mêmes et dont elles pourraient disposer au besoin : ce sont, pour la route de Manchester, les établissemens de M. Nasmyth et Gaskell, situés à Patricroft, et pour la Grande-Jonction, ceux de M. Tayleur, à Warrington; ateliers créés tout exprès par M. Stephenson et sous sa direction.

Quant au chemin de Londres à Birmingham, on n'a pu y profiter de l'expérience acquise sur les routes précédemment établies, et d'un autre côté, M. Bury, chargé par suite de son marché de diriger le département des machines, ne pouvait songer à tirer des ressources de ses propres ateliers placés à une trop grande distance. Vous connaissez les conditions de ce marché; on peut croire qu'en contractant des engagemens aussi considérables, M. Bury a dû songer en même temps aux moyens de les remplir et s'entourer de toutes les ressources nécessaires.

A chacune des stations principales, à Birmingham, à

Wolverton, à Camden-Town, il y a un dépôt de machines; celui de Birmingham peut en recevoir quatorze ; il est circulaire, et une plate-forme tournante, placée au centre, permet de distribuer commodément toutes les machines dans le pourtour.

A Camden-Town, ce dépôt fait partie d'un atelier d'entretien dont les bâtimens, disposés autour d'une cour, présentent un carré de 60 mètres de côté. Vingt machines peuvent y prendre place et sont distribuées au moyen de plate-formes des deux côtés de la cour.

A Wolverton, le dépôt se trouve compris dans l'ensemble de l'atelier de réparation; les bâtimens de cet atelier, disposés aussi autour d'une cour, offrent un carré de 314 pieds de côté; ils renferment un atelier de montage, un atelier d'ajustage, vingt-trois feux de forge, une chaudronnerie en fer, une en cuivre, un atelier de modèles, une fonderie de fer, une de cuivre, enfin le dépôt des machines, vaste salle traversée par une rangée de neuf plate-formes tournantes, qui peut recevoir trente-six machines.

En Belgique, on a cru devoir séparer complètement l'entretien journalier qui fait partie du service actif, des travaux de réparation; les prescriptions les plus sévères ont été faites pour qu'ils ne puissent jamais être confondus, et les bâtimens affectés à chacun d'eux sont entièrement isolés.

Les dépôts de machines, dans lesquels doit se faire en même temps l'entretien journalier, ont été élevés dès l'origine des travaux. On en trouve un à Ostende, un à Anvers, un à Bruxelles, un à Ans, deux à Malines, l'un pour les routes de l'ouest, l'autre pour celles de l'est. Chacun peut recevoir six machines environ; ils sont insuffisans, et les locomotives en service stationnent le plus souvent en plein air sur des voies additionnelles.

Les ateliers de réparation sont disposés autour d'une

cour à peu près carrée; ils comprennent un atelier d'ajustage, une salle de montage, une forge, une fonderie de fer et une de cuivre. J'ai retrouvé dans l'atelier d'ajustage à peu près le même outillage que celui que j'ai eu l'honneur de vous proposer; mais, je dois le dire, M. Poncelet, ingénieur chargé de cette partie du matériel, m'a déclaré que, lorsque toutes les lignes seraient en pleine activité, il serait loin d'avoir les ressources suffisantes.

L'entretien et la réparation des voitures font en Belgique un département séparé et ont comme en Angleterre des ateliers spéciaux; ils se trouvent à Malines à la suite de ceux des machines, et enferment une vaste cour où se trouvent déposées en plein air la plus grande partie des voitures qui ne sont pas en service.

Je vous ai fait part, messieurs, du peu de renseignemens que j'ai pu avoir sur les dépenses qui appartiennent, en Angleterre, au département des machines; on n'a quelques résultats positifs que pour le chemin de Liverpool à Manchester; pour celui de Birmingham à Londres on n'a encore qu'un aperçu et ce chemin est loin d'être arrivé à son état normal. Je vous ai dit que la dépense totale paraissait, pour les trois premiers mois, devoir y dépasser 0,40 de penny par mille et par voyageur, tandis que pour le chemin de Liverpool à Manchester ces mêmes dépenses ne s'élèvent maintenant qu'à 0,23 de penny.

J'aurais désiré avoir un renseignement analogue pour les routes de Belgique; mais on n'a pu constater encore le chiffre exact de la dépense occasionnée par le département des machines; du reste, on conçoit facilement la presque impossibilité, pour cette administration, d'avoir à cet égard des comptes satisfaisans. La totalité des chemins est loin d'être achevée; à mesure qu'une section est terminée, elle est mise en circulation, la longueur du parcours augmente donc continuellement; il en est de même du nombre des machines, et à chaque époque il est bien difficile d'apprécier, d'une manière même approximative, l'état de détérioration de chaque partie du matériel et les réparations auxquelles il doit donner lieu plus tard.

Toutefois il y a un élément de cette dépense qui semble pouvoir être saisi avec la plus grande facilité, c'est la consommation du combustible; il suffit, en effet, de tenir compte de la quantité de coke livrée à chaque voyage. Mais pour que ce résultat, trouvé ainsi d'une manière sommaire, puisse être de quelque utilité dans la théorie, il faut pouvoir le rapporter à une unité quelconque, et c'est là la difficulté : les anomalies sont si grandes que l'on a dû presque renoncer à trouver une règle générale.

Dans les machines à vapeur d'un autre genre, on a pu rapporter la consommation du combustible à la force produite. La production de la vapeur, l'activité de la combustion sont indépendantes de la marche de la machine, et la puissance de celle-ci est à peu près constante. Rien de tout cela n'existe dans les locomotives, la puissance développée varie continuellement, tantôt par une cause, tantôt par une autre; tous ces élémens réagissent les uns sur les autres, l'action n'est pas même continue, et, quoique ce genre de machines fasse un ensemble complet, il a fallu renoncer à les classer entre elles par la puissance développée et s'en tenir à leurs dimensions.

Lorsque, par analogie, on a voulu cependant rapporter le combustible nécessaire à une puissance dynamique, elle-même bien difficile à évaluer, on a trouvé, entre la réalité et la théorie, des différences qui se sont élevées jusqu'au triple de ce qu'exigeait la dernière.

On n'a pas été plus heureux en essayant de rapporter la consommation à la quotité des poids transportés; la vapeur produite se trouve plus ou moins utilisée suivant la composition du convoi, le nombre des wagons, leur charge, l'état d'entretien de la route, les pentes qu'elle présente, la vitesse avec laquelle chaque distance est franchie et l'on ne peut arriver à aucun résultat comparable.

Sur la route de Liverpool à Manchester la consommation serait de 5/6 de livre par tonne transportée à un mille, tandis que, suivant d'autres renseignemens, il serait de 1/4 de livre.

J'ai pensé, messieurs, qu'il était un point de vue plus convenable que ceux que je viens de citer, une unité pour laquelle la quantité de charbon ou de coke relative devait offrir moins de variation. Cette unité, c'est la distance absolue franchie par les machines, indépendamment de toute vitesse. La distance parcourue présente, en effet, exactement le nombre de tours de roue, celui des cylindres de vapeur successivement enlevés à la chaudière et par conséquent le volume total de vapeur utilisé, qui serait celui de la vapeur produite, s'il ne s'en échappait presque continuellement par la soupape de sûreté. Mais, d'un côté, quelque considérable qu'elle paraisse à l'œil, la quantité perdue est en réalité peu de chose comparativement à celle qui passe dans les cylindres; de l'autre, si elle a peu d'influence sur le rapport cherché, elle en a bien moins sur la constance de ce rapport; quant à la tension sous laquelle la vapeur est produite, elle varie peu en moyenne; il est, à la vérité, d'autres causes de variation : ce sont les temps d'arrêt, les fuites des chaudières; c'est à l'expérience à nous dire leur influence, mais j'ai pensé que l'on pouvait *à priori* regarder comme probable que, pour des machines de même espèce, le rapport de la consommation du combustible à la distance totale était à peu près constant.

La plus grande partie des machines employées en ce moment sur les routes anglaises sont sensiblement comparables; ce sont des machines de 12 pouces avec des roues de 5 pieds et demi; il en est de même en Belgique : je n'ai pu, à la vérité, me procurer qu'un petit nombre de données positives; mais, en les rapprochant des distances parcourues, je suis toujours arrivé à ce résultat remarquable, autant par sa simplicité que par sa généralité, qu'avec les machines actuellement en usage, la consommation du coke est de 1 k. par 100 mètres, ou 10 k. par kilomètre de la distance moyenne parcourue.

Je ferai remarquer, en passant, que si cette loi si simple venait, comme j'en suis convaincu, à se vérifier complètement, lorsqu'on aura des observations plus nombreuses, il faut en déduire comme conséquence immédiate ce principe, auquel on arrive par d'autres considérations, que, pour obtenir le plus grand effet utile, on doit faire traîner aux machines locomotives la plus grande charge possible.

Je vous ai déjà entretenu des soins que réclame la conservation des machines; mais cette conservation dépend beaucoup aussi de la qualité du coke employé et de celle de l'eau.

Dans un pays comme l'Angleterre, où le charbon abonde, où les fabriques de coke se rencontrent à chaque pas, après avoir vainement essayé de s'approvisionner des meilleures qualités possibles de ce combustible, la plupart des administrations de chemin de fer en sont arrivées à le fabriquer elles-mêmes; elles y ont trouvé de l'avantage sous le rapport du déchet qu'occasionne le transport et qui est considérable pour une substance aussi friable. Sur le chemin de Birmingham à Londres, on ne s'est pas contenté de fabriquer le coke, mais on a voulu le fabriquer, pour ainsi dire, à pied d'œuvre, en établissant des fours à chacune des stations où les machines doivent renouveler leurs approvisionnemens. Je vous ai dit comment les localités se prêtaient admirablement à ces combinaisons.

En Belgique il a fallu également en venir là ; et si l'administration a cru devoir prendre ce parti, c'est qu'elle y a trouvé, en dernier résultat, une économie positive.

La nature de l'eau employée pour l'alimentation des chaudières est au moins aussi importante que celle du combustible; avec les eaux séléniteuses il se dépose sur la surface des tubes des sédimens souvent très durs, et qui, dans tous les cas, étant mauvais conducteurs du calorique, déterminent dans les parties qu'ils recouvrent une élévation de température extraordinaire, à laquelle le métal ne peut résister long-temps.

Cette considération a conduit naturellement à établir les prises d'eau, non pas sur les points les plus convenables pour la commodité du service, mais dans les endroits où se trouvait l'eau de meilleure qualité ; d'un autre côté, comme il importe, en cas d'accident, de se ménager le plus de ressources possibles, on n'a pas dû se borner aux grues hydrauliques strictement nécessaires, mais les multiplier, les échelonner sur toute la longueur de la route et en établir, pour ainsi dire, partout où on a trouvé de l'eau satisfaisante.

Je ne terminerai pas ce qui est relatif aux machines sans consigner les moyens employés avec succès pour faire surmonter des obstacles qui ont souvent, et à juste raison, préoccupé les esprits; je veux parler de ceux que présente la neige qui vient recouvrir la surface des rails, ou le verglas qui rend, pour ainsi dire, nulle l'adhérence des roues des machines.

Dans le premier cas, on dégage la voie, en la faisant parcourir lentement par une machine qui pousse devant elle un grand triangle en bois, lequel divise la neige et la rejette sur les côtés, comme pourrait le faire un soc de charrue à double versoir.

Dans le cas de verglas, on place dans chaque train, en

avant de la locomotive, un wagon pesamment chargé, monté sur des roues d'un très petit diamètre. L'action de ces roues brise complétement le verglas et la marche de la machine se fait aussi facilement qu'à l'ordinaire.

Différentes espèces de voitures employées.

Dans ce qui précède j'ai déjà consigné diverses observations relatives aux voitures; vous savez, messieurs, comment on est parvenu à diminuer les chocs et le mouvement de lacet, en serrant les voitures les unes contre les autres de manière à ce que les ressorts des heurtoirs soient toujours tendus. Je vous ai parlé aussi de l'effet désagréable du frein sur les voitures qui en sont munies, inconvénient qu'on a pu éviter en Belgique en plaçant ces appareils sur les wagons, disposition favorisée par cette circonstance que, dans ce pays, chaque train comprend des voitures de toute espèce, tandis qu'en Angleterre les trains de première classe se composent uniquement de voitures de même dénomination et qu'il a bien fallu par conséquent que quelques unes fussent garnies de freins.

Enfin vous avez remarqué que sur les voitures de Londres à Birmingham, comme sur celles de Manchester à Liverpool, les effets des voyageurs sont placés sur l'impériale des voitures, exposés ainsi à être brûlés par les flammèches, tandis que sur le chemin de la Grande-Jonction ces effets étaient renfermés dans des wagons disposés à cet effet et placés en tête du convoi.

En Angleterre on a généralement adopté quatre espèces de voitures, les malle-postes, les voitures de première classe, celles de seconde, et les wagons découverts. A l'exception des derniers, toutes ces voitures ont même longueur de train et sont montées sur quatre roues; toutes ont également trois caisses ou compartimens analogues à ceux des voitures ordinaires ; dans les malles-postes où le prix est un peu plus élevé, chaque caisse ne peut recevoir que quatre voyageurs; cette disposition les fait préférer toutes les fois que, désirant être seules, quelques personnes se décident à prendre toute une caisse : une dame, voyageant seule avec ses enfans, peut jouir de cet avantage en payant quatre places seulement.

Dans les voitures de première classe où on est trois personnes de front, les places sont presque toujours séparées en forme de stalles.

Dans les voitures de seconde classe, les banquettes ne sont pas rembourrées; on doit s'y placer 4 sur chaque banc.

Enfin dans les wagons découverts il n'y a que deux caisses, et les trains sont plus courts. On n'en a pas encore fait usage sur le chemin de Londres à Birmingham, mais j'en ai vu à la station de Camden-Town un grand nombre préparés pour l'été.

Beaucoup de voitures de 1re classe ont des places extérieures, mais elles sont bien rarement occupées. Si l'on y jouit de l'agréable coup-d'œil que présentent les campagnes que l'on parcourt, on y est, d'un autre côté, très incommodé par la fumée et les étincelles qui s'échappent par moment des machines.

Pour le service des embranchemens sur la route de Londres à Birmingham, j'ai remarqué des voitures dont la disposition mérite d'être signalée; ces voitures ont trois caisses comme les autres; mais celle du centre, destinée aux voyageurs de 1re classe, présente tout le confortable que l'on peut désirer, tandis que les caisses extrêmes, appartenant à la seconde classe, ne renferment que de simples banquettes sans coussins.

En Belgique, les convois sont composés de 4 sortes de voitures, les berlines, les diligences, les chars-à-bancs et les wagons.

Les berlines qui correspondent aux malle-postes sont analogues aux voitures anglaises de 1re classe; mais, pour les diligences, on a adopté un tout autre système de construction.

Les trains portent deux caisses entièrement isolées et séparées par une espèce de corridor qui permet de traverser la voiture sans entrer dans les compartimens occupés par les voyageurs.

Dans les premières voitures construites dans ce système, il y avait une porte placée à chaque extrémité du corridor; les deux compartimens étaient alors en communication; depuis on les a isolés en plaçant à chacun d'eux une porte et laissant le corridor entièrement ouvert. Neuf voyageurs prennent place dans chaque compartiment; cinq se trouvent placés de front; les quatre autres places disposées de deux en deux sont séparées par la porte. Vous voyez que, dans cette disposition, chaque diligence ne prend que 18 voyageurs comme dans les voitures anglaises. Seulement ils sont plus confondus, et les voitures sont plus larges. Je vous ai fait remarquer ailleurs l'inconvénient que présentait cette augmentation de largeur relativement au mouvement de lacet.

Ici, tout en augmentant la largeur, on a cherché à abaisser les caisses; les roues alors ont dû pénétrer un peu dans l'intérieur, et, pour prévenir tout accident, on les a recouvertes par de fortes boîtes en fonte. Ces boîtes gênent dans l'intérieur des voitures; en hiver elles sont très froides; elles ont en outre l'inconvénient, en découpant le plancher, d'y former des joints qui, ne pouvant être calfeutrés, présentent autant de ventouses. Ces circonstances, jointes à la grande capacité des caisses, font des diligences belges, de véritables glacières.

Toutefois on conçoit que de ces dispositions ait pu résulter une notable économie; il n'y a, comme on voit, dans une voiture qui prend 18 voyageurs, que deux portes très simples, à panneaux ordinaires, au lieu des six portières à glaces et à doubles panneaux cintrés, des voitures anglaises.

Enfin divers changemens ont été apportés dans la construction des trains et la disposition des ferrures, à l'effet d'obtenir plus de légèreté et une plus grande économie.

Les voitures de 1re classe du chemin de Londres à Birmingham ont coûté, complètement terminées, 420 liv., soit près de 11,000 fr. chacune.

Les diligences, construites dans l'origine, en Belgique, sur le modèle anglais, étaient revenues à 6,000 francs et pesaient 4,500 kilogrammes; celles que l'on a adoptées en dernier lieu ne coûtent que 5,000 fr. et leur poids est de 3,500 kilogrammes; on a économisé 900 kilogrammes de fer sur les ferrures de tout genre.

Great Western. — Conclusion.

Jusqu'ici, j'ai cru ne devoir vous entretenir aucunement d'un chemin de fer qui a donné lieu, dans ces derniers temps, à une controverse très vive, celui du Great-Western construit sous la direction de M. Brunel. Là tout est différent de ce que l'expérience a consacré ailleurs, et l'insuccès du début a jeté dans l'esprit du public une telle défaveur sur tout ce qui se rattache à ce chemin, que l'on ose à peine y aller chercher des exemples. L'opinion générale, égarée par la passion, semble avoir frappé d'une réprobation absolue toutes les parties de cette entreprise remarquable, et M. Brunel ne rencontre presque aujourd'hui que des détracteurs aveugles ou intéressés, des indifférens qui trouvent plus facile de condamner sans examen, ou des esprits faibles qui n'osent avouer une conviction moins défavorable. Le plus grand tort de M. Brunel est sans doute d'être entré trop franchement dans la voie du progrès, et d'avoir devancé le temps, en osant réaliser ce que d'autres avaient regardé comme le résultat inévitable des perfections à venir.

Frappé de l'impatience des esprits qui trouvaient trop lente une vitesse moyenne de 8 lieues par heure, M. Brunel avait pour but d'arriver à une marche bien plus rapide. Dans le programme offert aux constructeurs de machines, il demandait des locomotives dont la vitesse moyenne fût de 35 milles par heure et qui pussent dépasser au besoin 45 milles.

Le seul moyen d'obtenir ce résultat était alors d'augmenter considérablement le diamètre des roues en même temps que la puissance des machines. De là, accroissement nécessaire dans la largeur de la voie, dans celle des voitures et dans leur poids.

Déjà on avait remarqué que sur les parties en remblais les mouvemens étaient plus doux que sur les parties établies sur un fonds trop solide; dans une localité particulière, on avait même été obligé de refaire une partie de la voie où les rails avaient été placés primitivement sur des fondations en maçonnerie.

M. Brunel put croire qu'il trouverait de grands avantages à faire un chemin tout-à-fait élastique, et il s'autorisa du système suivi aux Etats-Unis pour traverser les marais; malheureusement il dépassa le but.

Il avait apporté des perfectionnemens jusque dans les moindres détails que d'autres acceptent de la routine, ou abandonnent à des mains moins habiles; tous ces changemens étaient pour ainsi dire une critique de ce qui avait été fait ailleurs; on lui eût à peine pardonné un succès, son premier échec fut le signal d'un *tolle* général.

Vous connaissez le système de rails employé par M. Brunel; ces rails, en forme de pont, sont fixés sur de fortes longrines en bois; ces longrines reposent sur des traverses, et celles-ci sont moisées sur des pilotis. Les pieux correspondent à peu près au milieu de la voie, et la distance d'une traverse à l'autre n'est pas moindre de 3 à 4 mètres.

On conçoit toute l'élasticité que présente un pareil système; les longrines cédant sous le poids des machines et des voitures, il en résulte un balancement, une suite d'oscillations semblables à celles des vagues, et dont pour beaucoup de personnes le résultat est le mal de mer. D'un autre côté, ces variations de résistance sont loin de favoriser l'application de la puissance motrice. Depuis, on a fait disparaître en grande partie ces inconvéniens, en comprimant la terre sous les longrines, et en multipliant les traverses. Enfin, à l'époque où j'ai parcouru la partie terminée, le mouvement n'était pas plus désagréable que sur les autres routes; l'entretien y était aussi satisfaisant sans y employer autant d'ouvriers. La vitesse obtenue était à peu près la même et le seul reproche que l'on pût faire à M. Brunel était d'avoir dépensé plus d'argent pour obtenir le même résultat que sur les autres routes. Reste à savoir si, avec de la persévérance, il ne parviendra pas à atteindre le but qu'il s'était proposé, celui d'une rapidité bien autrement considérable.

Les locomotives employées sur cette route n'en sont pas la partie la moins remarquable; quelques unes ont des roues de dix pieds de diamètre, d'autres des roues de huit pieds seulement. Pour ne pas fatiguer les rails par le poids énorme de ces machines gigantesques, M. Brunel a pensé à diviser ce poids, qui approche de 20 tonneaux, en isolant les chaudières, de la machine proprement dite; l'ensemble forme alors deux trains séparés, dont chacun repose sur six roues.

Le tuyau qui porte la vapeur est articulé comme ceux qui maintenant servent à l'alimentation des chaudières, et tout le mécanisme se trouve à découvert sous les yeux du conducteur, qui peut en surveiller le jeu jusque dans les moindres détails et remédier sans même arrêter les machines, aux petits dérangemens inévitables qui, pour les autres systèmes, se traduisent, à la longue, en avaries plus ou moins importantes.

Cependant toutes les machines du Great-Western ne sont pas établies sur ce plan, et plusieurs sont entièrement semblables, aux dimensions près, à celles employées sur les autres chemins.

La grande largeur de la voie a permis de faire des voitures extrêmement spacieuses; quelques unes sont disposées en véritables salons, on y trouve une table dressée dans le milieu; d'autres sont divisées en cabinets où quatre personnes peuvent s'isoler, et présentent, sans perdre de place, l'avantage que je vous ai signalé pour les malle-postes des autres chemins.

La largeur des voitures étant assez grande pour recevoir, fort à l'aise, quatre personnes de front, on a établi au milieu de chaque caisse une cloison complète avec porte vitrée qui la sépare en deux compartimens que l'on peut réunir à volonté. Enfin, la station de Paddington présente pour la circulation des voitures, la formation des trains, le dégagement de la voie, plusieurs dispositions ingénieuses qui pourront plus tard, dans une foule de circonstances, être imitées avec avantage. Je signalerai entre autres l'emploi de divers chariots transversaux destinés à remplacer les plate-formes et dont on a fait l'application immédiate dans les ateliers du chemin de fer de Saint-Germain.

On ignore encore quel sera le sort du Great-Western: continuera-t-on les travaux d'après le même système, en le modifiant par suite de l'expérience acquise, ou le recommencera-t-on pour revenir à la largeur de voie généralement usitée, en abandonnant tout le matériel déjà existant? C'est une question dont il est difficile de prévoir l'issue.

Quel que soit le parti que l'on adopte, quelque amères que soient les critiques qu'il aura essuyées, si, subissant en Angleterre le même sort que M. Navier en France, M. Brunel était destiné à être déshérité de son œuvre, il lui restera cette consolation, qu'au jugement des hommes impartiaux, ses fautes sont celles du génie, et que, pour la postérité, ses erreurs même pourront être des titres de gloire.

J'ai fini, messieurs, le résumé des observations qu'il m'a été possible de faire pendant un voyage de trop courte durée; trop techniques pour vous présenter quelque intérêt, un grand nombre ont dû rester dans mon portefeuille.

Parmi celles que je vous ai soumises, plusieurs vous paraîtront incomplètes, il en est sans doute qui m'ont échappé et que vous eussiez aimé à trouver consignées ici; veuillez n'en accuser que le peu de temps dont j'ai pu disposer; mon voyage a duré 32 jours, et dans ce court intervalle j'ai dû parcourir 800 lieues de route, tant en Angleterre qu'en Belgique, visiter vingt-trois ateliers et faire toutes les acquisitions dont vous m'aviez chargé. Vous m'aviez autorisé à amener avec moi M. Servel, destiné à devenir chef de nos ateliers de réparation; son concours m'a été très utile, et je me plais à lui rendre ici ce témoignage de mon entière satisfaction. J'ai trouvé en lui tout ce que je pouvais désirer, amour du travail, connaissances acquises, intelligence des machines, dévoûment à ses dévoirs : je n'ai eu, en un mot, qu'à me féliciter de le voir attaché à votre entreprise.

www.ingramcontent.com/pod-product-compliance
Ingram Content Group UK Ltd.
Pitfield, Milton Keynes, MK11 3LW, UK
UKHW022117260726
13993UKWH00003B/1079

9 782329 495651